Beatrix Palt

Richtig schimpfen – aber wie?

- So finden Sie die passenden Worte
- Der Ton macht die Musik
- Wie Eltern und Kinder streiten lernen

südwest

Inhalt

Vorwort

So sehr Eltern sich das auch wünschen – zwischen ihnen und ihren Kindern gibt es keine ungetrübte Harmonie. Schimpfen muss sein – es gehört zum Erziehungsalltag ebenso wie Liebe und Zärtlichkeit, Lob und Tadel.

Schimpfen ist für Eltern und Kinder unangenehm. Die Eltern tun es nicht gerne, und die Kinder mögen es natürlich auch nicht, wenn die Eltern sie tadeln. Allen Eltern wäre es am liebsten, wenn ihre Kinder eine unbelastete, glückliche Kindheit ganz ohne böse Worte und Auseinandersetzungen hätten. Sie sprechen lieber vernünftig mit ihrem Kind und können nur schwer akzeptieren, dass es sich leider nicht immer nach ihren Wünschen und Anweisungen richtet.

Schimpfen muss sein

Es ist für Kinder doch viel schöner, mit den Eltern zu spaßen und zu spielen. Dennoch wird es immer wieder notwendig zu schimpfen. Die Kleinen verweigern sich unseren Forderungen, missachten unser »Nein!« oder machen den stressenden Blödsinn so lange weiter, bis es nicht mehr anders geht: Es muss geschimpft werden – denn gute Worte verhallen im Nichts. Und das nervt nicht nur den Schimpfenden, das belastet natürlich die ganze Familie.

Richtig schimpfen kann man lernen

Warum müssen Eltern das tun? Warum reicht es nicht, mit Engelsgeduld Gesagtes zu wiederholen? Warum dringen wir manchmal mit guten Worten nicht zum Kind durch? Warum können wir uns als Eltern nicht darauf verlassen, dass unsere Kleinen im Grunde ihres

Herzens gehorchen wollen und tun, was sie sollen? Warum provoziert uns unser Nachwuchs permanent? Müssen Eltern denn immer laut und heftig werden, um sich durchsetzen? Warum müssen wir schimpfen, damit unsere Kleinen zur Einsicht kommen? Sind wir schlechte Eltern, wenn wir schimpfen? Und vor allem: Wie sollten wir schimpfen, damit das Kind in der gewünschten Weise reagiert, aber keinen Schaden an seiner Seele leidet und nicht verletzt wird?

Schaffen Sie Dialogbereitschaft

Viele Fragen, die in diesem Buch beantwortet werden sollen. Vor dem Hintergrund eigener, vielfältiger Erfahrungen als Beraterin für Erziehungsfragen und als Mutter möchte ich Eltern Hilfestellung für richtiges Schimpfen geben. Damit Eltern ohne schlechtes Gewissen schimpfen. Ich möchte ihnen aber auch vermitteln, dass Schimpfen ein durchaus konstruktives Erziehungsmittel ist, mit dem Kindern ihre Grenzen gezeigt werden können.

Ein deutliches Signal

Es ist ein deutliches Signal für unsere Kleinen, wenn sie den Bogen mal wieder überspannt haben. Dabei ist es wichtig, mit guten Argumenten und wenig Emotionen dem Anlass entsprechend zu schimpfen. Genauso wichtig ist es, Schimpfen so einzusetzen, dass es unsere Sprösslinge für den nachfolgenden Dialog öffnet. Das zu schaffen ist nicht schwer, wenn einige Grundregeln beachtet werden, beispielsweise indem wir als Eltern auf Fairness setzen. Dann kann der Dialog beginnen. Und den wollen wir doch, oder?

»Mit einer Kindheit voll Liebe kann man ein halbes Leben hindurch für die kalte Welt haushalten.« (Jean Paul, deutscher Schriftsteller)

Warum Eltern schimpfen müssen

Schimpfen ist ein Teil des Erziehungsprozesses – das sollte Eltern stets bewusst sein.

Kinder zu erziehen ist nicht immer einfach. Eltern bemühen sich oft mit guten Worten und viel Verständnis, ihren Kindern die Grundregeln des täglichen Miteinanders beizubringen. Leider verhalten sich unsere Kleinen nicht immer erwartungsgemäß. Im Gegenteil: Sie wollen uns nicht verstehen, tun nicht, was sie sollen, und schon gar nicht, was wir wollen. Es gibt aus Elternsicht immer nur die eine Ursache: Dem Kind fehlt es an Einsicht. Es will nicht begreifen. Hilft kein gutes Zureden, wird der Ton schärfer. Es gilt, mit der folgenden klaren Botschaft das Kind zu erreichen: »Ich möchte, dass du das jetzt begreifst, es akzeptierst und dich auch danach richtest!«

Erziehungsziel Einsicht

Schimpfen ist kein Selbstzweck. Es enthält immer eine Botschaft. Aber nicht immer die gleiche. Mal sollen die Kleinen etwas Bestimmtes nicht tun. Mal sollen sie – ganz im Gegenteil – etwas ganz Bestimmte doch tun. Es ist nun aber nicht so, dass schimpfende Eltern Diktatoren sind, die unbedingt ihren Willen durchsetzen wollen. Das Schimpfen soll dem Kind lediglich klarmachen, dass sein Verhalten nicht länger hingenommen wird. Dabei geht es nicht immer nur um mustergültiges Benehmen und soziales Verhalten. Manchmal müssen wir auch schimpfen, um unsere Kinder zu schützen.

Gute Argumente helfen

Nehmen wir zum Beispiel die Mutter von Tom (drei Jahre). Tom ist unglaublich wendig und schafft es ruck, zuck, auf Fensterbänke zu klettern. Das wäre nicht weiter schlimm, wenn Tom nicht einen kleinen Bruder hätte (15 Monate alt), der die Gefahren der Kletterei noch gar nicht einschätzen kann. Also gilt es, Tom klar zu machen, dass er nicht auf die Fensterbank klettern darf, damit sein Bruder das nicht nachmacht und runterfällt. Tut er es doch, schimpft die Mutter mit Tom. Sie tut es aus Sorge und mit einem Ziel: Sie möchte, dass Tom endlich versteht, dass sein Klettern für seinen Bruder gefährlich ist

Für die Entwicklung der Kinder sind Auseinandersetzungen, Reibereien und Streitereien geradezu notwendig.

und dass er aus Einsicht darauf verzichtet. Da gute Worte nicht ausreichen, muss sie schimpfen.

Schimpfen Sie immer zielorientiert, und überlegen Sie, was Sie erreichen wollen. Setzen Sie das Schimpfen gezielt als einen ersten Schritt ein, der bei Ihrem Kind zur Einsicht führen soll.

Prioritäten setzen

Kinder werden tagtäglich und von morgens bis abends von ihren Eltern mit Erziehung konfrontiert. Die Eltern sagen ihnen, was sie tun und was sie lassen sollen. Dass es einmal um mehr und einmal um weniger wichtige Dinge geht, können Kinder häufig nicht unterscheiden. Auch die Frage, ob es »nur« um gute Erziehung geht oder ob Gefahr im Verzug ist, kann von Kindern nicht bewertet werden. Eltern helfen ihrem Kind durch das Schimpfen, Verhaltensregeln zu gewichten: Was nicht so wichtig ist, wird weniger drängend eingefordert. Was höchste Priorität hat, wird von den Eltern konsequent eingefordert. Eben durch das Schimpfen.

GRENZEN SETZEN UND VERSETZEN

Schimpfen – und zwar von Anfang an, auch wenn das Kind noch klein ist – wird als selbstverständliches Erziehungsmittel akzeptiert. Es ist für das Kind eine Grenzlinie, die Sicherheit und Geborgenheit vermittelt. Diese Grenze muss aber versetzt werden – je nach Alter des Kindes kann und muss immer mehr erlaubt werden, was früher, auch aus Sicherheitsgründen, verboten war. Das fördert das Selbstbewusstsein des Kindes.

Was nachvollziehbar ist, versteht ein Kind

Wie gelangen Kinder aber durch Schimpfen zur Einsicht? Regen Eltern sich auf, wird Kindern signalisiert, dass ihr Verhalten nicht akzeptiert wird. Eltern benennen in der Regel auch den Grund für das Schimpfen, etwa in Formulierungen wie: »Habe ich dir nicht schon mehrfach gesagt, dass ...? Und du machst trotzdem weiter/hörst nicht auf?« Dem Kind wird klar gemacht, dass es sein Verhalten sofort ändern muss.

Damit das Schimpfen nicht nur elterliches Druckmittel ist, sondern sinnvoll wird, setzt nun der nächste Erziehungsschritt ein: das Kind zur Einsicht bringen. Jetzt müssen Argumente vorgetragen werden, warum das Kind sein Verhalten ändern soll: Die Herdplatten sind heiß, und das Kind wird sich verbrennen, die Glasvitrine wird kaputtgehen und das Kind sich an den Scherben verletzen, das Brüderchen wird Schmerzen haben und weinen, wenn mit der Holzeisenbahn auf dessen Kopf geschlagen wird usw. Alles Fälle, die leicht auch für ein Kind nachvollziehbar sind.

Wenn Einsicht noch schwer fällt

Schwieriger wird es mit der Einsicht, wenn es um gutes Benehmen und Konventionen geht. Wie soll man einem kleinen Kind verständlich erklären, warum es bei der Begrüßung die rechte Hand geben soll, warum es beim Essen die Gabel benutzen, nicht aufstehen soll, solange noch gegessen wird, oder dass beim Gähnen die Hand vor den Mund gehalten werden soll? Dass es Danke und Bitte sagen soll, wenn es etwas bekommt oder etwas haben will. Dass beim Niesen die Hand vorgehalten werden soll, ist vergleichsweise einfach zu vermitteln – sofern das Kind schon in einem Alter ist, in dem es versteht, was Bakterien und Ansteckung und Krankheit bedeuten.

Was Schimpfen erfolgreich macht

In Fragen guten Benehmens Kinder zur Einsicht zu bringen bedeutet, sie zur Rücksichtnahme zu erziehen. Im Kleinkindalter, in dem Kinder ichbezogen agieren, kein leichtes Unterfangen. Kindern beizubringen, dass andere Personen es befremdlich finden, wenn sie mit den Fingern im Essen herumstochern. Mit ihnen zu schimpfen, weil sie mit dem Essen um sich werfen, macht sie darauf aufmerksam, dass das auch andere betrifft und es nicht nur um sie geht. Am besten kann ein Kind diese Einschränkung des Handlungsspielraums verstehen, wenn ihm mit einfachen Worten Gründe genannt werden: weil die Oma, die neben ihm sitzt, dadurch schmutzig wird und außerdem der Fußboden sauber gemacht werden muss, wenn das Kind mit dem Essen um sich wirft. Das ist wirklich sinnvoll. Noch besser ist es, den Spieß umzudrehen und die Kinder zu bitten, sich vorzustellen, wie sie es finden würden, wenn die Oma das machte. Das ver-

Kindern sollten die Gründe für Regeln und Verhaltensweisen immer erklärt werden.

stehen auch kleine Kinder – hoffentlich antworten sie nicht, dass sie das sehr lustig fänden. Dann brauchen Sie ein anderes Beispiel!

Indikator für den Erfolg

Wenn ein Kind macht, was es machen soll, ist das ein ziemlich gutes Zeichen dafür, dass ein Kind zur Einsicht gekommen ist und ein Thema abgehakt werden kann. Wenn das Kind mit den Bauklötzen nicht mehr auf den Glastisch haut, hat es verstanden, dass das verboten ist.

Frühes Schimpfen wird von Kindern recht schnell als selbstverständliches Erziehungsmittel akzeptiert und beugt späterer Verunsicherung beim Kind und unter Umständen heftigeren Auseinandersetzungen mit dem Kind vor.

Schimpfen von Anfang an – kein Dauerstreit

Wehret den Anfängen. Wenn wir bereits bei den Kleinsten nicht alles durchgehen lassen, sondern bei Bedarf ein klares und konsequentes »Nein!« anbringen, brauchen wir später bei den Großen nicht mehr so viel zu schimpfen. Die wissen dann schon, dass bei Missachtung eine längere Gardinenpredigt kommt, die sie sich vielleicht hier und da lieber ersparen. Ziel des Schimpfens von Anfang an ist es, Kinder mit »Ja!« und »Nein!« zu konfrontieren. Indem sie das zu unterscheiden lernen und die Erfahrung machen, dass Verstöße geahndet werden, kann erreicht werden, dass mittel- und langfristig fast gar nicht mehr geschimpft werden muss.
Schimpfen von Anfang an ist also angesagt. Aber warum? Es ist doch viel schöner, die ersten Jahre voller Nachsicht mit dem Kind verstreichen zu lassen und erst mit den Älteren zu schimpfen. Das ist allerdings nur auf den ersten Blick wirklich wünschenswert.
Wer meint, dass Babys und Kleinkinder den Sinn des Schimpfens nicht verstehen würden, unterschätzt sie. Ganz im Gegenteil: Wer erst spät mit dem Schimpfen anfängt, riskiert Erschütterungen in der vermeintlich guten Eltern-Kind-Beziehung.

Lukas durfte alles

Werfen wir einen Blick auf Lukas' Eltern. Sie haben bei ihrem Junior (jetzt fünf Jahre alt) in den ersten Jahren alles durchgehen lassen. Er durfte immer machen, was er wollte. Irgendwann fingen die Eltern mit Erziehungsmaßnahmen und mit dem Schimpfen an. Lukas reagierte darauf verstört und verunsichert. Er verstand die Welt – und vor allem seine Eltern – nicht mehr. Er verhielt sich doch wie immer. Aber plötzlich ist alles falsch, was er tut und mit ihm wird geschimpft. Wie soll Lukas das begreifen?

Ganz verkehrt: so tun als ob

Gut gemeint kommt eben nicht immer gut an. Schwierig ist es auch, wenn Eltern nicht von Anfang an mit der erforderlichen Ernsthaftigkeit schimpfen. Was man Babys und Kleinkindern als niedlich durchgehen lässt, erweist sich später als Bumerang: Wird bei wichtigen Anlässen nicht ernsthaft geschimpft, sondern milde und nachsichtig gelächelt oder gar gelacht, weil das Kind sein unwiderstehliches Engelsgesicht aufsetzt, bereuen Eltern ihr lockeres Verhalten spätestens dann, wenn ältere Kinder auf das Schimpfen nicht in der gewünschten Weise reagieren.

Schimpfen Sie auch, um einem Streit vorzubeugen: Schimpfen Sie lieber sofort, wenn es einen Anlass gibt, und warten Sie nicht, bis Ihnen der Kragen platzt.

Warum Martin nicht reagiert

Nehmen wir Martins Mutter. Als Martin (jetzt vier Jahre alt) noch klein war, hat seine Mutter liebevoll und mit einem milden Lächeln »geschimpft«, wenn sie etwas verbieten wollte. Hat er darauf nicht reagiert, hat die Mutter es auf sich beruhen lassen. Nun hat Martins Mutter ein Problem: Wenn sie mit

Zur guten Erziehung gehört gelegentlich auch ein »Donnerwetter«

Nehmen Sie es leicht: Schimpfen gehört zur guten Erziehung. Schimpfen Sie aus Überzeugungund mit dem Bewusstsein, die Erziehung Ihres Kindes damit wieder ein Stück voranzubringen.

Martin schimpft, reagiert er nicht. Musste er früher ja auch nicht. Martins Mutter muss jetzt richtig massiv und laut werden, um sich durchzusetzen. Das wäre gar nicht notwendig, wenn sie von Anfang an eine angemessene »Schimpfkultur« anstelle des lustigen »Pseudo-Schimpfens« etabliert hätte. Schimpfen setzt schließlich Grenzen. Und die sollten Kinder von Anfang an als solche erkennen können.

Was Konsequenz bewirkt

So sehen das auch Lenhards Eltern. Sie haben schon immer konsequent »Nein!« gesagt und geschimpft, wenn Lenhard nicht gehorcht hat. Haben sie sich früher – im Vergleich zu anderen Eltern – als strenge Eltern gefühlt, die ihrem Kind nur wenig durchgehen lassen, sind sie heute froh darüber. Lenhards Eltern schimpfen heute kaum noch mit ihm. Meistens reicht ein strenger Blick oder ein konsequentes »Nein!«. Lenhard weiß, was er darf und was er nicht darf. Und er hat erfahren, dass seine Etern konsequent jedes Mal schimpfen werden, wenn er verbotene Aktionen wiederholt. Daher gibt es zwar viele Diskussionen – er ist ein aufgeweckter Junge, der elterliche Entscheidungen durchaus hinterfragt –, aber wenig Streit.

Keine Selbstzweifel – gute Eltern schimpfen

Ich werde häufig von Eltern gefragt, ob sie schlechte Eltern sind, weil sie mit ihren Kindern schimpfen. Besonders Mütter sind von Selbstzweifeln geplagt. Meist liegt die Hauptlast der Erziehung auf ihren Schultern. Wer mehr erzieht, hat natürlich auch mehr zu meckern. Dennoch fühlen Eltern sich häufig schlecht. Sie haben das Gefühl, dass sie ihr Kind mit dem Schimpfen permanent einschränken. Außerdem meinen Eltern häufig, dass die Kindheit ihrer Kids nicht glücklich ist, wenn sie mit ihnen schimpfen. Einige stellen sich sogar die Frage, ob ihre Kinder an der Liebe ihrer Eltern zweifeln, wenn sie mit ihnen schimpfen. Im Extremfall fühlen Eltern sich als Erziehungsversager, die ihre Kinder nicht im Griff haben – nur weil sie von ihnen ständig provoziert werden.

Schimpfen ist ein natürliches Erziehungsmittel

Das zu erkennen und zu akzeptieren fällt vielen Eltern schwer. Kinder brauchen ihre Bezugsperson natürlich nicht nur zum Kuscheln, Kosen und Spielen und Herumtollen, sondern auch, um sich an ihr zu messen und zu reiben. Eltern missverstehen da ganz häufig etwas: Sie erziehen und bemühen sich nach Kräften – doch das Ergebnis scheint zu sein, dass die Kinder trotzdem nicht gehorchen und die Eltern dann schimpfen müssen, um dem Fehlverhalten Einhalt zu gebieten. Ist das schlechte Erziehung? Nein, das ist ganzer Einsatz und elterliche Fürsorge. Ohne diese Fürsorge würden wir unseren Kindern mehr schaden als nützen. Wer würde ihnen beibringen, welche Dinge gefährlich sind – und mit Nachdruck darauf achten, dass sie vermieden werden? Wer würde Kindern Rücksicht, soziales Verhalten, ordentliche Tischmanieren beibringen? Das ist Elternaufgabe.

Statt sich verunsichern zu lassen, sollten Eltern einfach akzeptieren, auch mit dem Hilfsmittel Schimpfen, dass Erziehung eine schwere, aber auch lohnenswerte und schöne Aufgabe ist.

Die Mutter als Testperson

Nehmen wir zum Beispiel Leonies Mutter. Leonie ist ein Jahr alt. Eine ihrer Lieblingsbeschäftigungen ist es, mit den Fingern in der Blumenerde der Topfpflanzen zu wühlen. Nicht nur, dass sie die Erde auf der Fensterbank und auf dem Fußboden verteilt. Nein, sie steckt sie munter in den Mund. Ihre Mutter treibt sie damit zur Verzweiflung. Der Ablauf ist immer der gleiche: Die Mutter bittet Leonie, die Erde auszuspucken, und erklärt ihr, dass Blumenerde giftig ist und sie sie nicht anfassen soll (»Bäh!«), weil der Teppich ganz dreckig wird und die Mutter dann sauber machen muss. Leonie hört auf. Kaum dreht sich die

Machen Sie aus dem Schimpfen eine Tugend und akzeptieren Sie das Schimpfen als das, was es ist: eine Auseinandersetzung, die positive Entwicklungsschritte nach sich zieht.

EIN KLEINER, ABER WICHTIGER TROST

Spätestens wenn wir unsere Kinder in anderer Umgebung beobachten können, erkennen wir das Resultat des Schimpfens: Die gleichen Kinder, mit denen wir ständig schimpfen müssen, sind woanders lieb, wohlerzogen und höflich.

Mutter um, stopft sie die Erde wieder in den Mund. Das Ganze wiederholt sich etwa dreimal. Dann wird der Ton schärfer. Noch einmal, dann wird richtig geschimpft. Leonie fängt an zu weinen.

Vor Schaden bewahren

Leonies Mutter ist unglücklich über diesen immer gleichen Verlauf. Sie wünscht sich, dass Leonie einfach tut, was ihr gesagt wird, und zweifelt an ihrer Erziehungskompetenz, weil sie schimpfen muss. Dabei ist das, was vor sich geht, ein ganz normaler Erziehungsprozess: Leonie testet, ob ihre Mutter das »Nein!« wirklich ernst meint und provoziert die Mutter, bis sie schimpft. Diesen Mechanismus zu durchschauen ist für Eltern ein erster Schritt weg vom schlechten Gewissen. Als nächstes sollten Eltern sich die Bedeutung des Schimpfens klar machen. Im Fall Leonie beschützt die Mutter ihr Kind vor gesundheitlichem Schaden. Außer der gesundheitlichen Gefahr muss Leonie noch zwei weitere Dinge lernen: Blumenerde gehört in den Topf, weil die Pflanze sie zum Wachsen braucht. Und die Mutter braucht keine zusätzliche Hausarbeit.

Kinder wollen und müssen immer austesten, wie weit sie gehen können und ob die Eltern und, wenn ja, wie sie reagieren. Schon deshalb ist es wichtig, dass Eltern konsequent bei einem »Nein« bleiben.

Kinder rechnen mit Schimpfen

Kinder werden oft in ihrem Leben überrascht. Vom Schimpfen allerdings selten. Wenn ein Elternteil ihnen mehrfach gesagt hat, dass ein bestimmtes Verhalten sofort einzustellen ist, dann muss das Donnerwetter als logische Konsequenz folgen. Häufig legen Kinder es geradezu darauf an, dass es scheppert. Ursache für die Provokation ist, dass Kinder ihre Durchsetzungsfähigkeit testen müssen. Und vor allem die Standfestigkeit der Eltern.

Provokation als Test

Nehmen wir zum Beispiel Annika (drei Jahre alt). Sie muss ihre Eltern ständig herausfordern. Obwohl sie ganz genau weiß, was passiert, inszeniert sie über den Tag verteilt mehrere Situationen, um auszuprobieren, ob die Eltern schimpfen. Mit der Müslischale wird so lange jongliert, bis sie auf dem Fußboden landet, der Bruder wird geschubst, bis er weint, Annika steht beim Essen auf, obwohl die anderen noch nicht fertig sind, und wirft nach dem Baden das nasse Handtuch auf den Fußboden – obwohl sie weiß, dass sie ihre Mutter damit zur Weißglut treibt. Dass sie getadelt werden wird, ist Annika völlig klar. Sie ist aber zur Zeit in einer Phase, in der sie ausprobieren muss, was sie sich erlauben kann. Sie braucht es, dass ihre Eltern ihr mal die gelbe und mal die rote Karte zeigen. Für diese Grenzsteinlegung nimmt sie das Schimpfen in Kauf.

Spielregeln beachten

Kinder wissen in der Regel, wann geschimpft werden wird. Erschwerend ist für sie allerdings, dass nicht immer klar ist, wie wichtig und verbindlich Gebote und Verbote sind. Zumal sich das mit dem Alter ändert. Durfte Lena beispielsweise als Kleinkind die Sandkiste nicht alleine verlassen, darf sie nun mit vier Jahren innerhalb des Spielplatzes selbstständig herumtoben. Durfte Karl mit einem Jahr noch kein Messer anfassen, isst er ein Jahr später eigenständig mit Besteck. Die Erweiterung von Grenzen mit zunehmendem Alter muss von Kindern eingefordert werden. Und zwar so lange und so oft, bis Kinder von ihren Eltern durch Schimpfen gestoppt werden. Das ist für Eltern nicht immer bequem. Sie sollten sich jedoch damit auseinander setzen, dass ihre Kinder ihre eigenen Entwicklungsschritte manchmal schneller realisieren als ihr Erziehungspersonal. Und dann heißt es für die Kinder: Freiräume und Selbstständigkeit einfordern. Natürlich überschätzen sich die Kids bei diesen Forderungen manchmal. Das sollten Eltern nicht tragisch nehmen. Wichtig ist, dass die Eltern dabei die Spielregeln beachten: Einmal wird gemahnt, dann einmal verwarnt, dann wird geschimpft. Das ist ein verlässliches Verhaltensmuster, das von Kindern in der Regel als fair empfunden wird.

Verlässliches, d.h. konsequentes Verhalten der Eltern gibt Kindern Entscheidungsmöglichkeiten. Sie können einen Streit verhindern – oder ihn bewusst herbeiführen.

Kontinuität ist wichtig

Schwierig wird es für Kinder, wenn die Eltern sprunghaft und unberechenbar sind. Wenn sie für gleiche Vergehen oder Missachtungen unterschiedliche Maßstäbe ansetzen. Es verwirrt Kinder, wenn die Reaktionen der Eltern nicht verlässlich und vorhersehbar sind. Das kann dann sogar so weit führen, dass Kinder Störfälle arrangieren, nur um zu testen, ob die Eltern schimpfen werden oder nicht.

Nur wer eine Reaktion vorhersieht, kann eine Situation eskalieren lassen oder einlenken. Indem ihm die Möglichkeit eingeräumt wird, die Situation in die eine oder andere Richtung zu lenken, bekommt das Kind Handlungsspielraum. Es reagiert dann nicht nur. Es agiert.

Beim Schimpfen sollte stets das gleiche Muster ablaufen: erst einmal mahnen, dann warnen und schließlich schimfen. Darauf können Kinder sich einstellen.

Bekannte Situationen

Matthias (zwei Jahre alt) fährt mit dem Bobby-Car ins Wohnzimmer, obwohl er genau weiß, dass er das nicht darf. Würde die Mutter gleich lospoltern, könnte Matthias nur noch trotzig reagieren. Indem seine Mutter ihn ermahnt, eröffnet sie das Spiel und macht den ersten Zug. Matthias hält inne, schaut seine Mutter an – und macht weiter. Seine Mutter nimmt die Provokation an und zieht die gelbe Karte: Sie verwarnt. Nun hat Matthias die Wahl. Hört er auf, ist alles gut. Macht er weiter, gibt es Ärger mit der Mutter.

Je älter Kinder sind, umso bewusster gehen sie mit diesen Verhaltensmustern um und provozieren ganz gezielt. Sie müssen testen, wie weit sie gehen können, oder wollen die Eltern in einen Machtkampf verstricken. Manchmal wollen sie nur ausprobieren, mit welchen Strategien oder welchem Verhalten sie eine Schimpfkanonade abwenden können: vielleicht mit dem unschuldigen Engelsgesicht?

Streiten lernen

Es ist wichtig, dass unsere Kinder Strategien lernen, mit denen sie Interessenkonflikte ertragen und bewältigen können. Schimpfen ist schließlich kein einseitiger Prozess. Es ist eine Auseinandersetzung zwischen einer Erziehungsperson und dem Kind. Er entsteht dadurch, dass zwei Personen unterschiedliche Positionen vertreten, die jeder durchzusetzen versucht. Insofern geht es beim Schimpfen nicht nur um den Anlass des Schimpfens und um die gewünschte Verhaltensänderung. Kinder lernen durch das Schimpfen auch, wie sie sich in Konfliktsituationen verhalten sollen: Sie lernen, bei Auseinandersetzungen sachlich zu bleiben, um den Streitpartner nicht zu verletzen. Sie lernen, sich zu verteidigen, d. h. Argumente zu formulieren, warum ihr Verhalten okay ist. Sie lernen, die richtigen Worte zu finden, wenn sie der Meinung sind, dass ihre Erziehungsberechtigten im Unrecht sind. Kinder lernen in Auseinandersetzungen jedoch auch, Fehler und Fehlverhalten einzugestehen. Und sie lernen ebenso, in der Auseinandersetzung ihre Gefühle im Zaum zu halten wie auch die Enttäuschungen darüber zu überwinden, dass sie sich nicht durchgesetzt haben. Auch Kompromissfähigkeit will gelernt sein. Und das Vertragen nach dem Schimpfen und die Fähigkeit, um Entschuldigung zu bitten. Streit ist eine komplexe Angelegenheit. All diese Komponenten der Auseinandersetzungen im Kindesalter zu lernen bildet die Grundlage dafür, dass Kinder später in der Lage sind, fair zu streiten und Konflikte auszutragen. Deshalb sollten Eltern beim Schimpfen ein faires Vorbild sein.

Fazit

Kinder werden nur selten vom Schimpfen überrascht, weil es oft von ihnen provoziert und von den Eltern angekündigt wird. Wenn es dann erfolgt, wird es von den Kindern als notwendige Konsequenz durchaus akzeptiert.

Tipps für die Praxis

➢ Nicht aus heiterem Himmel schimpfen: Kündigen Sie es mehrfach an, wenn Sie es mit einer Forderung ernst meinen. Dann ist Ihr Kind vorgewarnt und kann das Schimpfen noch verhindern – wenn es das möchte.

➢ Halten Sie sich an Spielregeln: Reagieren Sie nicht einmal so und einmal so, sondern seien Sie Ihren Kindern durch Einhalten fester Rituale und Reihenfolgen ein verlässlicher Streitpartner, auf den Ihr Kind sich einstellen kann.

➢ Gestalten Sie das Schimpfen möglichst konstruktiv. Erklären Sie, warum Sie ärgerlich sind, lassen Sie unbedingt auch Argumente des Kindes zu, und kommen Sie ihm bei der »Wiedergutmachung« immer liebevoll entgegen.

Wenn Kinder schon früh faires Streiten lernen, haben sie eine gute Basis für spätere, schwierigere Auseinandersetzungen.

Wie Schimpfen gut ankommt

Bleiben Sie ruhig, auch wenn Sie sich noch so sehr über die vermeintliche oder tatsächliche Ungezogenheit Ihres Kindes ärgern.

Oft fängt alles harmlos an: Das Kind soll sein Verhalten ändern und wird von den Eltern freundlich dazu aufgefordert. Dann folgt die Mahnung – jetzt schon deutlich schärfer. Bei Missachtung wird losgeschimpft. Manchmal bleiben Eltern dabei einigermaßen ruhig und sachlich. Manchmal sind sie schon dermaßen gereizt, dass sie sich nicht mehr beherrschen können.

Der Ton macht die Musik …

Niemand kann sich davor bewahren, dass ihm mal die Nerven durchgehen. Das ist zwar nicht schön, aber menschlich nur allzu verständlich und kann sicher von vielen Eltern nachvollzogen werden. Wir sollten uns als Eltern jedoch bewusst sein, welchen Schaden wir damit anrichten können. Rasten Eltern aus, verlassen sie die Argumentationsebene. Ein Wort gibt das andere, das Schimpfen eskaliert zum Streit. Das Ziel wird verfehlt: Statt Einsicht gibt es Tränen, statt eines konstruktiven Dialogs Geschrei und verletzende Worte. Zurück bleibt bei den Eltern das Gefühl, versagt zu haben. Und bei den Kindern Wut und Trauer darüber, ungerecht behandelt worden zu sein.

Kinder verstehen mehr, als Eltern denken

Der Ton macht – wie auch bei Erwachsenen – die Musik. Auch beim Schimpfen. Kinder haben Verständnis dafür, dass Eltern schimpfen müssen. Auch dafür, dass der Ton schärfer und die Stimme lauter wird. Schimpfen und Ausflippen ist jedoch ein großer Unterschied: Beim Schimpfen steht die Sache im Vordergrund. Beim Ausflippen dominiert das (negative) Gefühl die Situation.

Gelassenheit überzeugt Kinder am meisten. Sie schafft auch Vertrauen und verhindert, dass Kinder sich vor Auseinandersetzungen oder »Ausbrüchen« fürchten.

SCHIMPFEN SIE RECHTZEITIG

Aufgestaute Gefühle und angestauter Ärger führen zu emotionalen Explosionen und ungerechter Behandlung des Kindes. Es ist also besser, sofort zu schimpfen. Das hat auch den Vorteil, dass dem Kind der Anlass dafür noch gegenwärtig ist und es nachvollziehen kann, warum es getadelt wird. Stunden später weiß es überhaupt nicht mehr, worum es denn eigentlich ging, und versteht seine Eltern nicht.

Wie können Eltern verhindern, dass sie so gereizt werden, dass sie explodieren? Ein wesentlicher Faktor ist, in einem Eskalationsprozess rechtzeitig die Reißleine zu ziehen. Lieber rechtzeitig schimpfen als spät explodieren. Schimpfen ist steuerbar – Ausflippen nicht.

Eskalationen vermeiden

Diese Erfahrung hat die Mutter von Alexandra (sechs Jahre alt) schon lange hinter sich. Im Bemühen, möglichst wenig zu schimpfen, hat sie lange Zeit versucht, auf die Provokationen ihrer Tochter nicht zu reagieren und sich nicht so sehr zu ärgern.

Je weniger Emotionen im Spiel sind, desto konstruktiver ist das Schimpfen und umso ernster wird es vonden Kindern genommen.

Trotz der allerbesten Vorsätze wurde sie immer wütender, bis sie explodierte und unbeherrscht so lange auf Alexandra herumhackte, bis sie alles los und die Wut verraucht war. Zurück blieb eine frustrierte Mutter, der klar war, dass sie eine Grenze überschritten hatte, ohne irgendetwas erreicht zu haben. Zurück blieb auch ein Kind – ein Häufchen Elend – das nicht wusste, wie ihm und vor allem warum ihm das geschah.

Früh reagieren

Diese Art, mit Ärger über unsere Kinder umzugehen, ist für Eltern und Kinder gleichermaßen kontraproduktiv. Und einseitig dazu. Denn nur die schimpfende Person hat in diesem Konflikt die Chance, Dampf abzulassen. Der Beschimpfte muss alles über sich ergehen lassen und das Ende der Explosion abwarten. Eltern sollten deshalb ihren Unmut äußern, solange sie ihre Gefühle noch im Griff haben und offen für die Reaktion und, bei älteren Kindern die Gegenargumentation sind.

Sachlichkeit überzeugt

So funktioniert das jetzt auch bei Alexandra und ihrer Mutter. Die Mutter bemängelt sofort, wenn sie etwas stört. So lange sie ihre Gefühle im Griff hat, kann sie Alexandra auf der Vernunftebene ansprechen. Flippt die Mutter doch wieder einmal aus, nimmt die inzwischen ältere Alexandra sie eigentlich nicht mehr richtig ernst. Sie schaltet ab und wartet auf das Ende des Donnerwetters. Eltern sollten überlegen, wie sie auf ihre Kinder wirken, wenn sie ausrasten:

hilflos und inkompetent. Den Eltern fallen offenbar keine Argumente mehr ein. Sie verhalten sich damit ausgesprochen würdelos: Eltern, die herumschreien, machen keinen guten Eindruck. Häufig werden böse Dinge gesagt, die das Kind mehr verletzen, als sie ahnen, und die hinterher zwar zurück genommen werden können, aber dennoch im kindlichen Gedächtnis gespeichert werden.

Aus gutem Grund – mit Argumenten schimpfen

Eltern haben oft einen guten Grund, sich aufzuregen. Wichtiger als das Schimpfen an sich ist jedoch, wie Eltern schimpfen. Wenn sie bloß nörgeln, haben sie wenig Chancen, am Verhalten ihrer Kinder nachhaltig etwas zu ändern. Vielleicht gelingt es, das Kind für den Augenblick zu stoppen.

Sinn und Zweck des Schimpfens ist jedoch, das Kind mit guten Argumenten zu überzeugen. Selbst kleine Kinder können und wollen überzeugt werden. In einfache Sätze verpackt, kommen plausible Gründe immer gut an.

Weniger ist mehr

Nehmen wir uns ein Beispiel an Carlas Mutter. Sie hat öfter, als ihr lieb ist, einen Grund, um sich aufzuregen. Anfangs kam es zu wahren Schimpftiraden. Bis ihr eine Freundin riet, sich beim Schimpfen auf das zu konzentrieren, was sie ihrer Tochter tatsächlich sagen will. Seitdem reduziert sich das Schimpfen auf einen Anlass. Und zwar mit Erfolg: Carla (drei Jahre alt) hat jetzt die Chance, zu verstehen, worauf ihre Mutter wirklich hinauswill. Einfache Botschaften wie »Ich möchte, dass du aufhörst..., weil...«, sind klar und eindeutig.

Weniger ist mehr. Diese Art zu schimpfen hat mehrere Vorteile. Kinder müssen aus dem elterlichen Monolog nicht mühsam die eigentliche Botschaft herausschälen, sondern bekommen den Anlass des Schimpfens als verdauliches Häppchen serviert. Wenn Eltern kurz innehalten, um sich über den eigentlichen Anlass ihres Ärgers klar zu werden und darüber, wie sie ihn ihrem Kind erklären wollen, können sie ihn kindgerecht formulieren. Damit erreicht man Kinder

Schimpfen Sie rechtzeitig. Aufgestaute Gefühle führen zu Ungerechtigkeit. Reagieren Sie sofort, wenn Sie sich ärgern, damit es nicht zu dem berühmten Tropfen kommt, der das Fass zum Überlaufen bringt.

viel besser und erzielt den gewünschten Erfolg. Wichtig ist also, dass Sie sich kurz fassen und sich für das Kind klar und unmissverständlich ausdrücken. Es wird Sie dann mit Sicherheit verstehen.

Ganz wichtig ist, dass das Kind versteht, was von ihm gefordert wird. Eine altersgerechte Sprache und kurze Monologe erleichtern die Kommunikation erheblich.

Nur fordern, was das Kind verstehen kann

Das hat auch Max'Vater verstanden. Es ist ihm wichtig, dass Max begreift, warum er mit ihm schimpft. Allerdings ist Max' Vater es im Berufssalltag nicht gewohnt, mit Kindern zu sprechen. Bis vor kurzem kam es regelmäßig zum Eklat: Wenn der Vater geschimpft hat, hat er seinen Sohn mit mit abstrakten Argumenten und verwirrend komplexen Zusammenhängen so konfrontiert, dass dieser völlig überfordert war und bockig wurde. Und Max' Vater war frustriert, weil sein Sohn ihn nicht verstanden hat. Max' Mutter hat dieses Kommunikationsproblem schnell durchschaut und mit ihrem Partner darüber gesprochen. Seitdem versucht Max Vater, altersgerecht mit seinem Sohn zu schimpfen.

Für alle Auseinandersetzungen gilt: Das Kind muss verstehen können, um was es geht

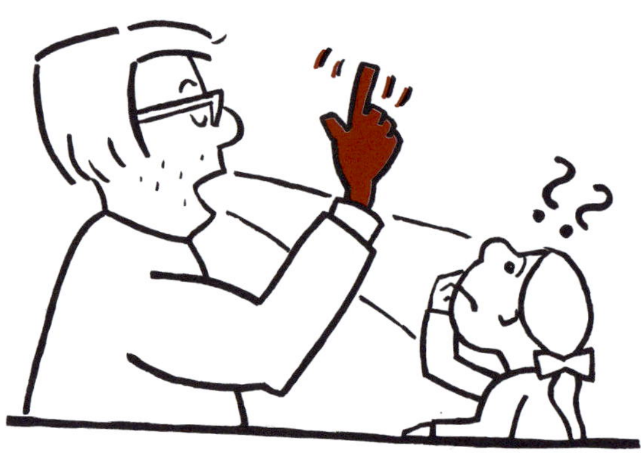

Klare Standpunkte vertreten

Ein weiterer springender Punkt ist der, dass Kindern die Einsicht, warum sie etwas tun oder lassen sollen, viel leichter fällt, wenn Eltern ihren Standpunkt gut vertreten können. Die Zusatzinformation »weil...« bringt oft den entscheidenden Durchbruch. Warum sollten Kinder ihr Verhalten ändern? Den Eltern zuliebe? Weil sie mehr Macht haben? Oder weil sie einen guten Grund vorbringen? Nur Letzteres führt zur Einsicht.
Zudem sollten Eltern sich Folgendes klar machen: Haben sie kein überzeugendes Argument, haben sie eigentlich auch keinen Grund zu schimpfen.

Schimpfen, ohne zu verletzen

Wenn Eltern schimpfen, sind sie sich manchmal nicht darüber im Klaren, was sie bei ihren Kindern auslösen. Ein Wort gibt das andere. Je bockiger das Kind ist, umso mehr neigen Eltern dazu, Dinge zu sagen, die sie in Wirklichkeit gar nicht meinen, und die Kinderseele wird schwerer verletzt als von den Eltern beabsichtigt. Aus Hilflosigkeit darüber, dass das Kind nicht gehorchen will.

Da wird dem Kind gesagt, dass man es nicht mehr sehen will. Dass es ein ganz böses Kind ist. Dass man es nicht mehr lieb hat. Dass man es nicht mehr haben will – und noch vieles mehr. Zurück bleibt ein entmutigtes, verzweifeltes Kind.

Kinder sind »nachtragend«

Kinder glauben, was ihnen gesagt wird. Und wenn der Streit auch lange vorbei ist, die Eltern sich längst entschuldigt haben und sich schon gar nicht mehr an das Gesagte erinnern: Die Kinder behalten es. Es gräbt sich in ihr Gedächtnis ein. Sie sind seelisch verletzt, und bei der Heilung bleiben mindestens Narben und Zweifel zurück: Zweifel an der Elternliebe und an sich selbst. Solche Sätze führen zu einem Vertrauensbruch und erschüttern das kindliche Urvertrauen, das auf die bedingungslose elterliche Liebe baut. So etwas kann durchaus zu einem Riss in der Eltern-Kind-Beziehung führen.

Dramen dieser Art sind vermeidbar: Es ist vollkommen in Ordnung, einem Streit dadurch den Wind aus den Segeln zu nehmen, dass man ihn unterbricht. Dem Kind zu sagen, dass es besser ist, eine Pause zu machen, trägt dazu bei, dass die Gemüter sich beruhigen – und zwar bevor der Streit eskaliert. Anschließend kann man wieder ruhig miteinander reden.

Falls ein Streit zu eskalieren droht, vereinbaren Sie eine Pause (eine »Auszeit«), und schicken Sie das Kind für kurze Zeit ins Kinderzimmer.

Strategien ändern

Diese Erfahrung haben auch Gretas Eltern gemacht. Nachdem es ihnen einige Male furchtbar Leid getan hat, was sie ihrer Tochter beim Schimpfen alles an den Kopf warfen, haben sie ihre Strategie geändert: Die Familie trennt sich, und

Vermeiden Sie, im Streit Dinge zu sagen, die die Beziehung zu Ihrem Kind in den Grundfesten erschüttern können. Kinder sind verletzlicher, als Erwachsene glauben.

jeder denkt darüber nach, warum es zu dem Streit gekommen ist. Und darüber, was gemeinsam getan werden kann, damit alles wieder gut wird. Eine wichtige Hilfe für den Weg dahin war der Rat der Erzieherin, der Gretas Mutter sich anvertraut hatte, denn ihr war bewusst, dass sie Greta (vier Jahre alt) Unrecht tut. Die Erzieherin hat der Mutter geraten, in Greta – auch im Streit – einen Partner zu sehen und keinen Gegner.

Das ist ein wichtiger Schritt in die richtige Richtung. Eltern sollten sich Folgendes klar machen: Kinder provozieren oft und gerne, auch damit man mit ihnen schimpft. Sie tun das, um ihr Verhalten und die Reaktionen der Eltern darauf auszutesten, nicht, um sie zu verletzen. Zudem sollten Eltern auch im größten Streit die Liebe zu ihren Kindern nicht vergessen, und dass kein Vergehen so groß sein kann, dass es unangemessene Gefühlsausbrüche rechtfertigt.

Wenn Eltern ihre Kinder im Streit permanent verletzen, riskieren sie außerdem, ihrerseits von den Kindern, die sich ungerecht behandelt fühlen, mit Worten und Taten verletzt zu werden. Dabei gewinnt niemand etwas.

Wohl dosiert ist halb gewonnen

In einigen Familien hat sich ein Dauergenörgel eingeschlichen, das den Familienfrieden belastet. Egal was die Kinder tun, es wird daran herumgemäkelt. Die Kinder sind irgendwann so abgestumpft, dass sie kaum noch hinhören, wenn die Eltern etwas sagen. Die Eltern merken, dass ihre Kinder nicht mehr reagieren, und schimpfen häufiger und lauter, um ihre Kinder zu erreichen. Ein Teufelskreis.

Das Sprichwort von A. Kingston fasst das Problem gut zusammen: »Autorität leidet am meisten, wenn von ihr zu oft Gebrauch gemacht

VOR DEM SCHIMPFEN INNEHALTEN

Überlegen Sie, was Sie erreichen wollen und was der Anlass für das Schimpfen ist. Mit einer kurzen Botschaft erreichen Sie mehr als mit endlosen Schimpftiraden. Sprechen Sie in kurzen Sätzen und mit einfachen Worten, dann können Sie sicher sein, dass Ihr Kind Sie versteht.

wird. Ständiger Donner erregt nicht mehr Aufmerksamkeit als das Geklapper einer Mühle«. Oder mit anderen Worten: Weniger ist mehr.

Postiv reagieren

Sicher, Eltern sollen frühzeitig signalisieren, dass ihnen etwas missfällt. Jedoch sollten sie nicht überkritisch sein. Menschen sind nicht perfekt, Kinder schon gar nicht. Eine gewisse Toleranz gegenüber Kindermacken entspannt das Familienleben. Muss man sich denn wirklich über jeden Fehler aufregen, den unsere Lieblinge begehen? Wir Eltern sollten differenzieren zwischen Fehlverhalten – das wirklich verändert werden muss – und akzeptablen harmlosen kindlichen Marotten. Der Effekt ist enorm: Regen Eltern sich nur noch über die wirklich wichtigen Dinge auf, wird das Schimpfen von den Kindern aufmerksamer wahrgenommen und angenommen.

Der Grund liegt auf der Hand: Kinder wissen durchaus, wann Schimpfen berechtigt ist. Dauerschimpfer, die sich über jeden Kleinkram aufregen, riskieren allerdings, von ihren Kindern nicht ernst genommen zu werden. Der inflationäre Einsatz lässt die Wirkung verpuffen. Und das ist das Gegenteil von dem, was Eltern wollen. Wie aber kommt man aus dieser Spirale wieder heraus?

Regen Sie sich nur über wirklich wichtige Dinge auf. Je nachvollziehbarer der Grund für das Schimpfen ist, desto einsichtiger wird Ihr Kind reagieren.

Wohl dosiertes Schimpfen nutzt sich nicht ab. Sparsamer Einsatz ist angesagt

Keine zu hohen Ansprüche stellen

Die Mutter von Julian (sieben Jahre alt) holt jetzt erst einmal tief Luft, wenn das Verhalten ihres Sohnes ihr missfällt. Der Mutter, die selbst einen Hang zum Perfektionismus hat, fällt es sehr schwer, die Macken ihres Sohnes zu akzeptieren. Sie möchte, dass er perfekter ist als sie. Damit hat sie ihren Sohn sehr unter Druck gesetzt. Den ganzen Tag hat sie an ihm herumgenörgelt. Der Effekt: Julian hörte überhaupt nicht mehr zu. Irgendwann hat er dann tatsächlich geantwortet: »Red du nur. Du meckerst ja sowieso den ganzen Tag!« Das hat Julians Mutter geschockt. So wollte sie das Schimpfen nicht verstanden wissen. Sie hat lange über Julians Bemerkung nachgedacht. Und auch darüber, warum sie so viel geschimpft hat. Dabei hat sie festgestellt, dass sie ihren Sohn nicht wie ein Kind, sondern wie einen Erwachsenen behandelt hat. Sie hat Ansprüche an seine Fähigkeiten, Kritik auf einer intellektuellen Ebene zu reflektieren und zu verarbeiten, gestellt, als ob sie es mit ihresgleichen zu tun hätte. Inzwischen hat Julians Mutter erkannt, dass das die falschen Maßstäbe für ein Kind sind und dass Julian diesen Erwartungen nicht gerecht werden kann. Seitdem läuft alles viel entspannter zwischen den beiden.

Eltern, die inflationär schimpfen, werden von ihren Kindern nicht ernst genommen. Dauernörgeln führt nur dazu, dass Kinder abschalten.

Ursachenforschung betreiben

Es gibt unterschiedliche Gründe für das Dauerschimpfen. Selten liegt es am Kind. Meistens an den Eltern. Oft haben sie eine übersteigerte Erwartungshaltung an ihre Kinder. Nicht selten gehen sie davon aus, dass einmal Gesagtes von Kindern sofort kapiert, eingesehen und umgesetzt werden muss. So funktionieren Kinder aber nicht. Manchmal fühlen sich Eltern deswegen als Erziehungsversager und schimpfen aus dieser Frustration heraus den ganzen Tag. Häufig entdecken sie an ihren Kindern ihre eigenen Fehler und möchten sie ihnen verzweifelt aberziehen. Möglicherweise sind sie mit ihrem eigenen Leben unzufrieden und nörgeln eigentlich nicht am Kind, sondern an der eigenen Lebenssituation herum.

Eltern, die dauernd schimpfen, sollten sich in Ruhe mit den Gründen dafür auseinander setzen. Kinder können meistens erkennen, ob das Schimpfen angemessen ist. Haben sie etwas verbockt, rührt sich ihr Gewissen (außer bei Benimm-Verstößen, die für Kinder nicht so leicht einsehbar sind). Eltern, die mit Kanonen auf Spatzen schießen, verspielen ihre natürliche Autorität.

Aktion beendet

Wenn das Schimpfen Wirkung zeigt, ist die Aktion beendet. Wenn Eltern den leisesten Anflug von Einsicht spüren, sollten sie sofort mit dem Schimpfen aufhören. Um festzustellen, wann es sich »ausgeschimpft« hat, müssen sie die kindlichen Signale erkennen – jedes Kind reagiert anders. Wie verändert es sich während des Schimpfens? Ist es empört, weil es sich ungerecht behandelt fühlt? Ist es trotzig, weil es gerade in der Trotzphase ist? Weint es immer, wenn es sich ertappt fühlt? Oder verteidigt es sich lautstark, weil es weiß, dass es im Unrecht ist?

Signale erkennen

Viele Kinder reagieren in gleichen Situationen mit dem gleichen Verhaltensmuster: Ruhige Kinder werden ruhig, wenn sie ausgeschimpft werden. Temperamentvolle Kinder verteidigen sich leidenschaftlich. Kinder in der Trotzphase bekommen einen Wutanfall. Signale, die deutlich sind.

Häufig sind Eltern verunsichert, ob sie die Zeichen richtig interpretieren. Oder sie erwarten, dass ein einsichtiges Kind Reue zeigen und den Anordnungen der Eltern sofort Folge leisten sollte. Kinder sind jedoch meist nicht in der Lage, aus eigenem Antrieb und alleine diesen Meilenstein der Versöhnung zu erreichen. Und das aus unterschiedlichen Gründen: Entweder sind sie noch zu klein, um eine komplette Ursache-Wirkung-Kette intellektuell zu verarbeiten. Oder aber – ein Klassiker in der Trotzphase – sie können nicht so ohne weiteres eingestehen, dass die Eltern Sieger in dieser Auseinandersetzung sind. Manchmal sind Kinder aber auch einfach ängstlich und möchten doch nur, dass die Eltern sie wieder lieb haben.

Ausgeschimpft zu werden ist für Kinder belastend. Sie haben Angst, nicht mehr geliebt zu werden, und reagieren ganz emotional. Eltern müssen ihnen bei der Versöhnung immer einen Schritt entgegen kommen.

Bei allen Streits ist die anschließende Versöhnung ganz wichtig. Kinder dürfen nachtragend sein und verletzt reagieren – Eltern jedoch nie.

Das Nachgeben erleichtern

Egal aus welchem Grund, Kinder sind durch das Schimpfen in einer größeren emotionalen Stresssituation und mehr mit dem Widerstreit ihrer Gefühle beschäftigt als die Erwachsenen. Schließlich sind Kinder stärker gefühlsgesteuert als Eltern, die eher vernunftsgesteuert reagieren und mehr Abstand zu den Dingen haben sollten.

Es gilt also, Kinder dort abzuholen, wo sie sind – notfalls im Schmollwinkel. Dies gelingt, wenn Eltern ihren Kindern eine argumentative Brücke bauen und Fragen stellen. Beispielsweise: »Möchtest du nicht eigentlich aufhören, bist aber noch zu trotzig?« Oder: »Wollen wir uns nicht wieder vertragen? Kannst du dazu bitte... tun?« Oder: »Bist du wirklich wütend auf mich oder bist du eigentlich wütend auf dich, weil du... gemacht hast, obwohl ich dich gebeten habe...?« Was so banal klingt, ist Kindern eine große Hilfe. Und zwar umso mehr, je mehr sie emotional in die Situation verstrickt sind.

Nach der Auseinandersetzung muss alles wieder gut sein

Friedensangebote machen und verstehen

In diesem Sinne handeln die Eltern von Klara (zwei Jahre alt). Klara reagiert auf Schimpfen immer gleich: Zuerst tut sie so, als ob sie nichts hört. Wenn sie merkt, dass ihr das nicht hilft, wird Klara schmusig. Ihre Eltern akzeptieren das als Friedensangebot. Nicht, dass Klara dann aus dem Schneider wäre. Die Eltern machen das, was Klara mit ihren zwei Jahren noch nicht kann: Sie verpacken Klaras Verhalten und den Grund für das Schimpfen in einfache Worte und stellen dann Fragen, wie es weitergehen soll. Besonders gut eigenen sich geschlossene Fragen, die von der Kleinen nur mit »ja« oder »nein« beantwortet werden müssen, beispielsweise: »Darfst du mit den Bauklötzen Mama ins Gesicht hauen?«, »Willst du der Mama wehtun?«. Nach diesen Fragen kommt dann die Rechtfertigung des Schimpfens, beispielsweise indem Eltern formulieren: »Ich musste mit dir schimpfen, damit du aufhörst« oder »Ich habe mit dir geschimpft, weil ich nicht möchte, dass du mir wehtust«.

Für Klara wird durch diese Fragen sofort verständlich, was sie falsch gemacht hat und was das Schimpfen ausgelöst hat. Im nächsten Schritt einigen sich Eltern und Klara darauf, dass sie das nicht wieder tut. Dazu wird von den Eltern abgefragt: »Verstehst du das?« und »Wirst du das wieder tun?«. Schließlich wird mit Fragen wie »Ist jetzt alles wieder gut?« das Ende der Auseinandersetzung eingeläutet und der Schritt zurück in den normalen Alltag vollzogen. Ende gut – alles gut! Schwieriger gestaltet sich das, wenn die Kinder nur halbherzig zustimmen oder in ihrer Trotzecke verharren. In beiden Fällen muss so lange mit Argumenten nachgelegt werden, bis die Eltern das Gefühl haben, dass die Botschaft angekommen ist.

Notfalls sollte ein Streit kurz unterbrochen oder sogar vertagt werden. Manchmal brauchen Kinder eine Pause, um zur Besinnung zu kommen und nachdenken zu können.

Geschlossene Fragen, die nur mit »Ja« oder »Nein« beantwortet werden müssen, verstehen kleine Kinder am besten.

Schwere Fälle

Manchmal ist es trotz altersgerechter Ansprache für Kinder schwer zu verstehen, was sie falsch machen. Vor allem, wenn es um soziales Verhalten, Gewalt (Reden ist besser als Schlagen), gutes Benehmen und Tischmanieren geht und diese Themen auch noch ständig auf der Tagesordnung stehen. In diesen Fällen ist es schwer, den Kindern mit Erklärungen zu vermitteln, warum ihr Verhalten falsch ist. Was ist der Grund dafür? Kleine Kinder handeln Ichbezogen und können sich noch nicht in andere Personen, ihre Gedanken und Wünsche hineinversetzen. Deshalb bringt es nichts,

Bei Auseinandersetzungen kann es hilfreich sein, die »böse« Rolle des Kindes zu übernehmen, um das getadelte Verhalten zu demonstrieren.

wenn wir ihnen wortreich erklären, dass es rücksichtslos ist, wenn sie rülpsen, pupsen oder ungeniert gähnen. Aus Kindersicht ist daran nichts falsch. Im Gegenteil: Die Kids geben in diesen Momenten einem dringenden inneren Bedürfnis nach und erleichtern sich.

Rollenspiele können helfen

In diesen Fällen helfen Rollenspiele. Erwachsene und Kind tauschen einfach die Rolle. Die Eltern benehmen sich dann mal so richtig daneben, und das Kind übernimmt die Erziehungsaufgaben. Bei diesem Spiel fällt in lockerer Atmosphäre der Groschen bei den Kindern oft schnell, und sie entpuppen sich als wahre Erziehungsexperten.
Auch das Vorlesen von Geschichten rund um das Thema Benehmen kann helfen. Meist hoffnungslos überzogen und humorvoll führen sie den Kindern die Folgen von Rücksichtslosigkeit vor Augen – und zwar plastischer und konkreter, als Eltern es mit Gardinenpredigten jemals könnten. Hörspiele auf Kassetten oder auf CD haben den gleichen Effekt.

Üben, üben, üben

Scheitern Kinder an ihrer eigenen Ungeduld oder an zu hohen Ansprüchen, die sie an sich selbst stellen, sollten Eltern ihnen viel Hilfestellung geben: Kleine Kinder, die ausflippen, weil sie ihre Schnürsenkel nicht alleine zubinden können, sollten für den Ausraster natürlich getadelt werden. Wir Eltern sollten sie anschließend jedoch damit trösten, dass noch kein Meister vom Himmel gefallen ist. Dann sollten wir den Kindern Unterstützung anbieten und sie ermuntern zu üben, um schnell Fortschritte zu machen.

Fortschritte bewundern

Thomas (zwei Jahre alt) ist ein ungeduldiger Typ. Er möchte unbedingt alleine essen. Seine Mutter streicht ihm ein Brot, belegt es mit Aufschnitt und schneidet es in mundgerechte Stückchen – Thomas Lieblingsfrühstück. Und seine größte Herausforderung: Thomas greift nach einem Stückchen Brot, und der Aufschnitt rutscht herunter und fällt auf den Teller. Thomas gelingt es trotz mehrfacher Versuche nicht, den Aufschnitt wieder so gerade auf dem Brot zu platzieren, wie es vorher war. Die Hilfe der Mutter lehnt er ab, wird schließlich richtig wütend. Thomas' Mutter tadelt ihn wegen des Wutanfalls, nimmt dann Thomas' Hand und hilft ihm, das Brot zu belegen. Immer wieder. Dabei lobt sie seine Fortschritte und ermuntert ihn, weiterhin alleine zu essen. Thomas beruhigt sich und ist dankbar für die Hilfe.

Lob und Tadel

Nach dem Frühstück lobt die Mutter ihren Sohn. Sie sagt ihm, dass doch alles toll geklappt hat und es nicht notwendig ist, auszurasten, nur weil etwas einmal nicht sofort klappt. So nutzt sie die positive Frühstückserfahrung, um ihrem Sohn dabei zu helfen, geduldiger mit sich zu werden. Sie macht ihm klar, dass seine Ansprüche an sich selbst zu hoch sind und nimmt dadurch Druck von ihm.

Fazit

Unabhängig davon, welches Signal ein Kind aussendet: Zeigt es Einsicht, kann das Schimpfen eingestellt werden. Muss der »Fall« noch aufgearbeitet werden, sollten Eltern mit Fragen und Argumenten nachhelfen.

Tipps für die Praxis

- Entlasten Sie Ihr Kind vor zu hohen Ansprüchen an sich selbst und unterstützen Sie es beim Üben.
- Hören Sie auf Ihr Bauchgefühl: Wenn Sie den Eindruck haben, dass die Botschaft angekommen ist, hören Sie auf zu schimpfen.
- Bauen Sie Brücken: Helfen Sie Ihrem Kind aus seinem Schmollwinkel, und kürzen Sie damit Streitereien ab.
- Loben Sie Ihr Kind so oft wie möglich. Es gewinnt dadurch an Sicherheit und traut sich mehr und mehr zu.
- Helfen Sie Ihrem Kind durch Geduld. Praktische Dinge müssen wieder und wieder ausdauernd geübt werden.
- Setzen Sie Ihr Kind nicht unter Druck, und erwarten Sie nicht zu viel von ihm dadurch, dass Sie die eigenen Vorstellungen von Perfektionismus, Ehrgeiz und Verhalten auf den Nachwuchs übertragen.

Alles, was Kindern gut gelingt, sollte gelobt werden. Durch die positive Verstärkung wächst ihr Selbstbewusstsein.

Tausendmal gesagt...

... selbst wenn Kids den Bogen zum tausendsten Mal überspannen, heißt es trotzdem: ruhig blei-ben.

Viele Eltern könnten die Wände hochgehen. Gerade Dinge, für die sie ihre Kinder unendlich oft gemahnt haben, werden von diesen ständig wiederholt.
Können Kinder sich das, was Eltern ihnen sagen, nicht merken? Sind sie zu dumm? Zu klein? Zu gleichgültig? Oder sind die Eltern nicht in der Lage, das, was sie wollen, richtig zu vermitteln? Nichts von alledem. Kinder brauchen das. Nicht das Schimpfen, sondern das Testen. Kinder probieren regelmäßig aus, ob das, was die Eltern heute, gestern und vorgestern verboten haben, in diesem Augenblick tatsächlich immer noch verboten ist.

Dem Anlass gemäß schimpfen

Wie sollen Eltern damit umgehen? So cool wie möglich. Das ist natürlich einfacher gesagt als getan. Es bringt aber nichts, sich darüber aufzuregen, dass die Kinder uns ständig auf die Probe stellen wollen. Was will denn das Kind? Letztendlich nur eine Bestätigung der Aktualität der Erziehungsmaßnahme.

Was aber tun, wenn Kinder nicht locker lassen? Wenn sie immer wieder mit der Eisenbahn Richtung Glasvitrine losmarschieren, obwohl die Mutter das schon so oft verboten hat?

Besonnen reagieren

Man sollte konsequent mit dieser Provokation umgehen, so wie die Mutter von Svenja (ein Jahr alt) es tut. Wenn sie sieht, was ihre Tochter vorhat, packt sie sie an den Hosenträgern und zieht sie von der Glasvitrine weg. Ein ernstes »Nein!« reicht erst einmal. Dann erklärt Svenjas Mutter geduldig und zum x-ten Mal ihrer Tochter, warum die Glasvitrine tabu ist und sie dort nicht hindarf. Svenjas Mutter weiß nicht, wie oft sie mit ihrer Tochter in den letzten Wochen schon wegen der Eisenbahn und dieser Vitrine geschimpft hat. Sie ist schon ziemlich genervt und auch verzweifelt, weil ihre Tochter anscheinend nicht versteht – oder verstehen will –, dass sie das nicht darf. Gerade die Dinge, über die wir uns tagtäglich immer wieder aufregen, sind es ja, die uns auf die Palme bringen.

Bevor man sich ärgert, sollte man kurz überlegen, ob die Sache eine größere Auseinandersetzung wirklich wert ist.

Betrachten Sie die kleinen »Wiederholungstäter« als das, was sie sind: Kinder, die gerade durch die Wiederholung der Verbote lernen, was sie tun dürfen und was nicht.

Durch Wiederholung wird gelernt

Gelassen zu bleiben ist leichter, wenn Eltern sich vor Augen führen, dass diese Wiederholungen für Kinder ein Lern- und Entwicklungsprozess ist. Sie lernen dadurch. Sie wiederholen ihre Handlungen und warten auf die Reaktion. Erst wenn die Mutter tausendmal gesagt hat, dass die Blumenerde tabu ist, lernt das Kind, dass es nicht darin wühlen darf. Obwohl es doch Spaß macht. Und genau darum geht es: Kinder handeln egoistisch. Sie tun das, worauf sie Lust haben.

Den Lernprozess verkürzen

Das Verbot der Eltern stürzt Kinder in einen Interessenkonflikt: Einerseits macht es Spaß, in der Blumenerde zu wühlen. Andererseits hat die Mutter es schon mehrfach verboten. Beim nächsten Mal werden die Kleinen wieder ihrer Lust nachgeben, das zu tun, wonach ihnen gerade ist. Erst wenn sie jedes Mal wieder die Erfahrung machen, dass sie das nicht dürfen, werden sie irgendwann damit aufhören.

Für Eltern ist das ein langer und mühsamer Weg. Je kleiner Kinder sind, umso häufiger sind sie Wiederholungstäter. Sie müssen ja erst lernen, dass es bei der Wiederholung der Missetat kracht. Ältere Kinder haben diese Erfahrung schon gemacht. Sie kennen den Zusammenhang zwischen Mistbauen und Schimpfen. Zudem gibt es unter Kindern auch kleine Provokateure, die ihre Eltern grundsätzlich auf die Probe stellen (müssen). Der Weg wird einfacher, je konsequenter die Eltern sind. Schimpfen sie mal und mal nicht, weiß das Kind nicht, wie ernst die Sache ist. Es wird dann immer wieder testen, ob geschimpft wird oder nicht. Schimpfen die Eltern konsequent, kürzen sie den Lernprozess für ihr Kind ab: Es kann sich auf die Reaktion der Eltern verlassen und lernt schneller, was es tun darf und was nicht.

VERBOTE MÜSSEN STÄNDIG WIEDERHOLT WERDEN

Kinder lernen durch das, was immer und immer wieder von ihnen gefordert wird. Für ihre Entwicklung sind diese Wiederholungen geradezu notwendig. Erklären Sie immer wieder ruhig und konsequent, worum es geht und warum bestimmte Dinge tabu sind, sich nicht gehören oder falsch sind.

Vor diesem Hintergrund macht die Bemerkung eines Vaters Sinn, der einmal genervt der Erzieherin im Kindergarten erzählt: »Ich habe meiner Tochter heute zum 895. Mal verboten, auf das Kindergartendach zu klettern. Jetzt weiß ich, dass ich es ihr nur noch 115-mal sagen muss, bis sie es endgültig verstanden hat!« Seine Tochter gehört zu der Sorte Kind, das alles mehrfach in Frage stellen muss, bevor es die Gültigkeit akzeptiert. Je geduldiger die Eltern darauf reagieren, umso schneller wird sich das für sie auszahlen. Irgendwann wird es selbst Wiederholungstätern langweilig.

Machtkampf pur – wenn Kinder provozieren

Wer kennt das nicht? Gerade haben Eltern ihr Kind gebeten, nicht an der Tischdecke zu ziehen. Das Kind grinst, vergewissert sich, dass die Eltern hinsehen – und reißt mit voller Wucht. Das ist pure Provokation. Schimpfen sinnlos – so scheint es auf den ersten Blick. Das Kind zieht doch prompt im Zeitlupentempo noch einmal fest an die Decke – und schaut die Eltern erwartungsvoll an.

Was läuft da ab? Wie sollen Eltern darauf reagieren? Das Kind anbrüllen? Ihm auf die Finger klopfen? Auf keinen Fall. Ruhig bleiben und das Kind in scharfem Ton auffordern, das endlich zu unterlassen. Als nächste Steigerung kann man es immer noch auffordern, den Raum zu verlassen.

Nicht kapitulieren

Aufregung ist Gift in solchen Situationen. Warum? Ein Kind, das seine Eltern dazu bringt, vor Wut zu

Kinder sind begeistert, wenn Eltern wie von ihnen erwartet reagieren und der »Versuch«, sich durchzusetzen, funktioniert. Sie testen damit, ob die Eltern bei einem Verbot bleiben.

Mit Provokationen stellen Kinder ihre Eltern auf die Probe. Sie wollen herausfinden, wie weit sie gehen können

schäumen, erreicht, was es will. Es geht nämlich eigentlich nicht um die Tischdecke. Es geht um einen Machtkampf, den das Kind hier und jetzt mit seinen Eltern ausfechten will. Wer verliert als erstes die Nerven? Schafft das Kind es, seine Eltern zur Explosion zu treiben? Sie zur Kapitulation zu bringen?

Genau darum geht es dem Kind. Es will und muss testen, wie weit es gehen kann. Es will sich durchsetzen. Gnadenlos. Das ist normal. Auch das gehört zur Entwicklung dazu: Kinder müssen ausprobieren, ob sie Macht über ihre Eltern ausüben können – und wenn ja, mit welchen Mitteln. Schaffen sie es, ihre Eltern zur Explosion zu bringen, haben sie gewonnen. Und werden genau mit diesen Mitteln ihre Eltern immer wieder hilflos in die Ecke drängen.

Ruhig zu bleiben ist das Wichtigste bei den »Tests«, die Kinder mit ihren Eltern durchführen. Es geht dabei fast immer um einen Machtkampf – darüber sollten sie sich im Klaren sein.

Konfliktsituationen erkennen

Die Eltern wollen und müssen sich auch durchsetzen – mit ihrer Erziehung. Mit einfachem Schimpfen löst man diesen Konflikt nicht, denn das wird von den Kindern mit Wiederholung quittiert. Daraufhin müssen die Eltern lauter schimpfen und noch lauter – und sind dann schnell mit ihrem Latein am Ende. In solche Situationen sollten Eltern sich nicht hinein drängen lassen. Dass das leichter gesagt als getan ist, können Generationen von Eltern bestätigen.

Wenn Eltern ein solches Provokationsmuster erkennen, können sie ihre Kinder ins Leere laufen lassen: Sie können sich weigern, in den Streit einzusteigen.

Im Falle unseres Tischdeckenreißers funktioniert das so: Nicht aufregen, dem Kind ernst in die Augen schauen und ruhig sagen, dass man jetzt keine Lust auf einen Machtkampf hat. Gegebenenfalls beenden Sie das »Spiel«, indem Sie das Kind aus dem Zimmer schicken.

Explosiv – wenn Kinder in der Trotzphase stecken

Es gibt kindliche Entwicklungsphasen, in denen Schimpfen brisant ist. Dazu gehört die Trotzphase. Sobald die Eltern etwas sagen, reagieren die Kinder mit einem Wutausbruch.

Im schlimmsten Fall werfen sie sich auf den Boden, brüllen hysterisch und trampeln mit den Füßen und sind nicht ansprechbar. Dennoch muss auch mit Kindern, die in der Trotzphase stecken, ab und an geschimpft werden. Nur wie?

Möglichst ruhig bleiben

Je gelassener Eltern auf die nervenaufreibenden Wutanfälle reagieren, umso besser erreichen sie ihr Kind. Zunächst heißt es für Eltern, nach Möglichkeit die Nerven zu bewahren. Dass das schwer ist, wissen ganze Elterngenerationen aus eigener Erfahrung: Wenn ein Kind ein Aufmerksamkeit erregendes Drama inszeniert, möchte man es am liebsten am Kragen packen und heftig schütteln, um es zur Besinnung zu bringen.

Eltern sollten sich in so einer Situation klar machen, dass Gewalt zu Gegengewalt führt. Oder mit anderen Worten: Je massiver Eltern versuchen, auf ein Kind einzuwirken, umso mehr steigert es sich in seine Wut hinein. Das wäre natürlich genau das Gegenteil von dem, was bewirkt werden soll.

Wutanfälle ignorieren

Im Grunde genommen liegt beim Wutanfall ein Konfliktfall vor, bei dem beide Seiten versuchen, sich durchzusetzen: die Eltern mit Argumenten, die Kinder mit Aggression. Kinder nehmen in solchen Auseinandersetzungen die schlechtere Position ein. Sie sind den Eltern mit ihrer Wortgewandtheit unterlegen. In der Trotzphase wird Kindern ihre Unterlegenheit bewusst. Sie ist eine Protestphase: Protest dagegen, das zu tun oder zu lassen, was die Eltern wollen.

Grundsätzlich ist es begrüßenswert, wenn Kinder nicht bedingungslos tun, was ihnen gesagt wird. Dennoch müssen sie lernen zu unterscheiden, wo Protest und wo Anpassung erforderlich bzw. es notwendig ist , dem Wunsch der Eltern Folge zu leisten.

Die Ruhe nach dem Sturm abwarten

Sind die Kinder älter, kann man Konflikte mit ihnen ausdiskutieren. In der Trotzphase können Kinder das noch nicht. Jetzt sind sie grundsätzlich dagegen – egal, was die Eltern

Je provokativer Kinder sich verhalten, desto ruhiger sollten Eltern versuchen zu reagieren. Je emotionaler Kinder reagieren, desto mehr erreichen Eltern mit bedachtsam geäußerten Argumenten.

Kinder stellen sich gerne und geschickt taub, wenn Eltern etwas von ihnen wollen

von ihnen wollen (später erleben Eltern solch eine Phase noch einmal in der Pubertät).

Versuche, sich mit dem Kind während eines Wutanfalls zu verständigen, sind wenig sinnvoll. Sich als Eltern darüber aufzuregen bringt genauso wenig. Am besten ignoriert man das Gebrüll und wartet, bis sich das Kind beruhigt hat. Dann kann wieder vernünftig miteinander gesprochen werden.

Dem Kind durch Gelassenheit helfen

Drehen Sie den Spieß um, und lassen Sie sich nicht provozieren, sondern reagieren Sie mit provozierender Gelassenheit.

Auch für die Eltern von Jonas (drei Jahre alt) ist diese Phase schwierig: Wenn ihr Sohn etwas nicht darf, fängt er an zu schluchzen und versucht damit, seine Eltern zu erpressen. Wenn sie konsequent bei ihrem Verbot bleiben, steigert er sich in seine Wut richtig hinein, wird fast hysterisch. Sie ignorieren die Wut ihres Sohnes und bleiben bei ihrem »Nein!«. Irgendwann beruhigt sich der Junge – und seine Eltern erreichen ihn mit ihren Argumenten.

Würden Jonas' Eltern sich in den Wutanfall verwickeln lassen und auch laut werden, würde der »Streit« eskalieren und in einem heftigen Machtkampf enden. Indem die Eltern einen kühlen Kopf bewahren und ihrem Kind gegenüber souverän auftreten, helfen sie ihm, sich zu beruhigen. Sind die Emotionen besänftigt, sind Kinder wieder in der Lage, auf vernünftige Argumente zu reagieren.

Das heißt nicht, dass mit Kindern in der Trotzphase nicht geschimpft werden kann. In dieser schwierigen kindlichen Entwicklungsphase gilt jedoch stärker als sonst, sich als Eltern nicht von den Gefühlsausbrüchen ihrer Kinder anstecken zu lassen.

Wenn Kinder nicht hören wollen

Wenn Kinder nicht hören wollen, kann das unterschiedliche Gründe haben: Entweder wollen sie testen, was passiert, wenn sie die elterliche Anweisung einfach ignorieren. Oder sie haben gerade keine Lust, das zu tun, wozu sie aufgefordert werden. Vielleicht haben sie Spaß gerade an dem, womit sie aufhören sollen. Oder aber sie tun etwas so konzentriert, dass sie tatsächlich nicht hören, was die Eltern sagen. Natürlich werden die Eltern in allen Fällen versuchen, sich durchzusetzen. Hört das Kind nicht, wird geschimpft. Nicht in jedem dieser Fälle wäre Schimpfen jedoch angemessen.

Ursachen und Wirkungen unterscheiden

Nehmen wir als Beispiel Vincent (zwei Jahre alt). Er überhört gerne, wenn seine Mutter ihm etwas sagt. Oft mit Erfolg. Häufig passiert es, dass seine Mutter ihn um etwas bittet, auf die Umsetzung jedoch verzichtet, weil sie mit dem Jungen nicht schimpfen möchte. Vincent hat das in seinem jungen Alter sehr wohl verstanden und setzt die Strategie des Ignorierens gegenüber seiner Mutter gerne eine. Wenn sie sich wirklich durchsetzen möchte, wiederholt sie die Aufforderung noch einmal. In schärferem Ton. Dann weiß Vincent, dass es Ernst ist. Das Verrückte an der Situation: Durch ihr inkonsequentes Verhalten veranlasst die Mutter den Jungen, ihre rein verbalen Aufforderungen nicht mehr ernst zu nehmen. Sie muss schimpfen, um überhaupt wahrgenommen zu werden.

Lassen Sie sich nie auf kindliche Machtspiele ein. Brechen Sie die Streiterei ab, und verweigern Sie die Eskalation, die das Kind gerne erreichen möchte. Sagen Sie Ihrem Kind, dass Sie es durchschauen.

Kinder brauchen Unordnung

Ein anderes Beispiel: Luise (fünf Jahre alt) holt gerne Spielsachen aus ihren Schränken. Ihrer Mutter ist das zu viel. Sie hat keine Lust, ständig Luises Chaos aufzuräumen. Deshalb fordert sie ihre Tochter im Laufe des Tages mehrfach auf, Dinge wegzuräumen, mit denen sie nicht mehr spielt. Luise ignoriert die Mutter, die sich aber durchsetzen will, weil sie ihre Tochter genau kennt: Ist Luise abends müde, räumt sie gar nichts mehr auf. Hat Luise aber zwischendurch immer wieder Ordnung gemacht, ist abends nicht mehr so viel zu tun. Ein schwieriger Fall. Sowohl die Mutter als auch das Kind haben plausible Argumente für ihre Position.

Gerade für kleine Kinder ist es gemütlich und schön, wenn ihr Zimmer einem Schlachtfeld gleicht, sie fühlen sich dabei besonders wohl. Luises Mutter möchte, dass sie lernt, ihre Spielsachen selbst wegzuräumen. Deshalb wird Luise nicht weit kommen, wenn sie die Mutter zu ignorieren versucht. Im Gegenteil: Die Mutter reagiert darauf schon sauer, weil sie weiß, dass Luise sie nicht hören will.

Wichtig ist, zu unterscheiden, ob ein Kind Aufforderungen bewusst ignoriert oder ob es so vertieft in ein Spiel oder eine Aufgabe ist, dass es vor lauter Konzentration gar nicht mitbekommt, was um es herum vorgeht.

Reaktionen erklären

In beiden Fällen sollte mit dem Kind ein Gespräch über die Reaktion geführt werden, die es durch sein Ignorieren bei den Eltern auslöst: Die Eltern werden wütend und wissen sich nicht anders zu helfen, als immer noch lauter zu werden, damit sie gehört werden – der erste Schritt zum Streit. Schon kleine Kinder können sehr wohl verstehen, dass Ignorieren eine Strategie ist, die ihnen mehr schadet als nutzt, wenn ihnen mit Beispielen aus ihrem Alltag die Ursache-Wirkung-Kette erklärt wird.

Kindliche Konzentration respektieren

Anders verhält es sich, wenn Kinder ihre Eltern tatsächlich nicht wahrnehmen, weil sie gerade in ein Spiel, ein Buch oder Musik vertieft sind. Wenn der Grund aus Elternsicht noch so berechtigt ist: Aufräumen, Baden, Abendbrot essen, zum Spielplatz gehen – aus hoch konzentrierten Phasen sollten Kinder nicht herausgerissen werden. Ihre Sinne sind geschärft, und sie nehmen eine Sache ganzheitlich wahr: emotional und kognitiv. Zudem lernen Kinder in solchen Momenten das Konzentrieren an sich. Die Umwelt um sie herum ist ausgeschaltet. In solchen Phasen sollten Eltern sich unbemerkt zurückziehen und ihr Kind nicht stören. Sie aufzufordern, etwas zu tun, ist unfair. Sich womöglich aufzuregen, weil sie nicht gehört wurden, ist ungerecht.

Ignorieren als Provokation

Manchmal ignorieren Kinder elterliche Aufforderungen, um zu provozieren. Gerade in der Trotzphase, so etwa mit drei bis vier Jahren, nutzen Kinder jeden Anlass, um ihre Eltern in Rage zu bringen. Sie wollen und müssen austesten, wie weit sie gehen können, bis die Eltern ausflippen. Nicht jedes Kind provoziert seine Eltern, indem es ausrastet und wütend wird. Einige Kinder üben den stillen Protest, lassen ihre Eltern mit ihrer Aufforderung eiskalt abblitzen und erreichen damit bei ihren Eltern mehr Hilflosigkeit als mit Gebrüll. Die Eltern sind nun meist diejenigen, die laut werden, um sich gegen ihre bockigen Kinder durchzusetzen.

Für diese Fälle gibt es zwei Strategien: Entweder klassisch schimpfen und später ein Gespräch mit dem Kind darüber führen, dass Ignorieren zukünftig als Reaktion nicht mehr akzeptiert wird. Oder: Das Kind in Ruhe lassen, und es beim nächsten Anlass, wenn es etwas will, ebenfalls abblitzen lassen. Das Kind wird verblüfft feststellen, wie sehr es sich durch das elterliche Ignorieren verletzt fühlt. Jetzt kann das Grundsatzgespräch über das praktisch Erlebte geführt werden.

Fazit

Wenn Kinder nicht hören (wollen), kann das zwei Gründe haben: Entweder sie versuchen, durch Ignorieren dem Schimpfen zu entkommen, oder sie konzentrieren sich gerade auf etwas, aus dem sie nicht herausgerissen werden wollen. Letzteres sollte respektiert werden.

Tipps für die Praxis

- Unterscheiden Sie zwischen Ignorieren und Vertieftsein: Im ersten Fall sollten Sie schimpfen, im zweiten sich zurückziehen.
- Führen Sie ein Grundsatzgespräch: Sprechen Sie in einer ruhigen Minute mit Ihrem Kind darüber, dass Zuhören zum partnerschaftlichen Umgang gehört. Sie hören ihm ja auch zu.
- Lassen Sie Ihr Kind nicht den Sieg davontragen dadurch, dass seine Provokationsversuche zum gewünschten Ergebnis, nämlich dem Wutanfall führt. Sagen Sie ihm, dass Sie den Versuch durchschauen.

Zur Trotzphase gehören heftige Wutanfälle. Je ruhiger Sie darauf reagieren, desto besser erreichen Sie Ihr Kind.

Schimpfen vor anderen

Ein Streit mit Kindern sollte nie vor Zuschauern geführt werden, weil Kinder das als Demütigung erleben

Schimpfen ist eine sehr persönliche Angelegenheit. Für die Kinder bedeutet es eine Demütigung: Sie werden für ihr Verhalten gemaßregelt. Auch die Eltern haben etwas zu verlieren. Sie wollen sich durchsetzen. Keiner möchte das Gesicht verlieren. Jede der beiden Parteien möchte als Sieger aus der Situation hervorgehen. Zuschauer sind da unerwünscht. Denn eine der beiden Seiten wird klein beigeben müssen.

Schimpfen nur unter vier Augen

Schimpfen ist ein sehr sensibles Thema, weil es nicht nur um den Anlass an sich geht. Weder beim Schimpfenden noch beim Beschimpften. Es handelt sich um ein komplexes Rollenspiel mit zwei Hauptdarstellern. Die Rollen sind eindeutig verteilt: Der Schimpfende spielt offensiv. Er macht den ersten Schachzug. Das beschimpfte Kind nimmt automatisch die defensive Rolle ein. Es kann sich allenfalls verteidigen. Schimpfen bedeutet Kritik am Kind: an seinem Verhalten, an einem Charakterzug, beispielsweise wenn es gelogen hat oder sein Zimmer nicht aufgeräumt hat. Schimpfen ist für beide Seiten unangenehm. Für das Kind jedoch besonders, weil es wehtut.
Das unterschätzen viele Eltern. Sie schimpfen häufig unüberlegt vor Geschwistern, Oma, Freunden, Verwandten. Je mehr Zuschauer es gibt, um so mehr Druck wird beim Schimpfen auf das Kind ausgeübt. Dem Kind ist es ausgesprochen peinlich, vor anderen kritisiert zu werden. Eltern, die vor anderen schimpfen, demütigen ihr Kind.

Streit vor anderen ist besonders verletzend

Für beide Seiten ist es besser, sich unter vier Augen auseinander zu setzen. Für das Kind ist es dann einfacher, sich der Kritik zu stellen, und es muss nicht gleichzeitig fürchten, vor anderen blamiert zu werden. Sind Elternteil und Kind allein, können sie sich auf die Sache konzentrieren.
Sie brauchen die Zuschauer nicht zu beobachten und Strategien zu bedenken, wie sie als Sieger aus der

Streit vor anderen ist immer unangenehm. Sowohl für die Streitenden als auch für die Zuhörer. Unter vier Augen lassen sich kleinere oder größere Konflikte viel besser lösen.

Situation herauskommen. Außerdem brauchen Sie auch eventuelle Häme durch die Zuhörer nicht zu fürchten.

Falls Zuschauer sich einmischen wollen, bitten Sie sie sehr bestimmt darum, sich aus dem Streit herauszuhalten. Dadurch kann Ihr Kind auch nicht mit möglicher Hilfe von außen rechnen.

Öffentliche Schaukämpfe vermeiden

Zudem neigen Anwesende dazu, sich in den Streit einzumischen, Partei zu ergreifen. Aus einem Konflikt zwischen zwei Partnern wird dann eine komplexe Veranstaltung. Schnell wird es unübersichtlich, und der eigentliche Anlass für die Auseinandersetzung wird vergessen. Dass Nebenrollen sich in der Regel negativ auswirken, zeigen die nachfolgenden Beispiele, die immer wieder zu der gleichen Erkenntnis führen: Schimpfen Sie möglichst immer unter vier Augen! Ihr Kind wird es Ihnen danken.

Schimpfen vor dem Partner

Schimpfen zu dritt ist eine Variante, die selbst Kinder manchmal gut finden: Oft genug gelingt es ihnen, den nicht schimpfenden Elternteil auf ihre Seite zu ziehen. Dann steht es zwei zu eins. Raten Sie mal, wer dann Sieger ist?
Schimpfen vor dem Partner geht selten gut aus. In der Regel fühlt der Partner sich verpflichtet, sich einzu-

In Gegenwart anderer mit einem Kind zu schimpfen ist unfair und lässt womöglich das Kind noch als Sieger zurück mischen – entweder um das Kind zu schützen oder um mit dem Partner gemeinsam zu schimpfen. Beides ist ungünstig.

Aufgeschoben ist nicht aufgehoben

Im ersten Fall verpufft der Erziehungseffekt. Stellt der Partner sich vor das Kind, kann das Kind mit der Erziehungsbotschaft nicht mehr erreicht werden. Der Partner blockt alles ab. Klassiker wie: »Sei doch nicht so streng!«, »Das ist doch nicht so wichtig!« oder »Lass sie doch. sie ist doch ein Kind!« haben schon zu Beziehungskrisen geführt. Das Kind ist fein raus – zunächst. Denn der eigentliche Anlass bleibt bestehen, weil der zum Schimpfen aufgelegte Elternteil keine Gelegenheit hatte, seinen Unmut darüber loszuwerden. Unausgewogenes oder abgebrochenes Schimpfen kann wie ein Bumerang beim nächsten Mal besonders heftig zurückkommen.

An einem Strang ziehen

Besser wäre es, wenn Eltern beschließen würden, zusammenzuhalten, statt sich gegenseitig in den Rücken zu fallen. Gemeinsam festzulegen, bei welchen Anlässen großzügig ein Auge zugedrückt werden kann und bei welchen geschimpft werden soll, beugt Konflikten vor.

Der positive Nebeneffekt: Wird nicht ständig in Gegenwart des Kindes darüber diskutiert, ob das Schimpfen überhaupt berechtigt ist, merkt es rasch, dass es seine Eltern nicht gegeneinander ausspielen kann.

Auch die zweite Variante, bei der der Partner in die Schimpftirade mit einsteigt, ist nicht zum Vorteil des Kindes. Wie soll sich ein Kind gegen zwei Erwachsene wehren? Da hat es nicht einmal mit guten Argumenten eine faire Chance, um gegen sie anzukommen. Zum Leidwesen der Kinder eskalieren solche Schimpfereien manchmal auch noch ganz häufig und auf unvorhersehbare

Eltern sollten vereinbaren, welche »Übeltaten« mit Schimpfen oder Tadel geahndet werden müssen und welche nicht. Damit ziehen die Partner an einem Strang und können nicht gegeneinander ausgespielt werden.

STILLHALTEABKOMMEN

Vereinbaren Sie mit Ihrem Partner ein Grundsatzgespräch darüber, wie Auseinandersetzungen mit dem Kind gehandhabt werden sollen. Wenn Sie sich einig sind, verhindert das Beziehungskrisen und zeigt dem Kind, dass es Sie nicht gegeneinander auspielen kann.

Kinder fühlen sich besonders gedemütigt, wenn sie vor den Geschwistern ausgeschimpft werden. Schwester oder Bruder nutzen diese schwache Position gerne für spätere Aktionen gegen die Geschwister.

Weise. Kaum holt der eine Partner Luft, legt der andere Partner los. Das ist gegen die Spielregeln von fairem Streiten.

Schimpfen vor Geschwistern

Beziehungen unter Geschwistern sind eine schwierige Angelegenheit: Geschwister lieben und streiten sich. Gegen die Eltern verbünden sie sich gern. Aber nicht immer: Haben sie erst einmal herausgefunden, dass sie ihr eigenes Fell retten können, indem sie ihre Geschwister anschwärzen und petzen, können sie gnadenlos egoistisch sein. Das kann gerade beim Thema Schimpfen zu ausgesprochen unerwünschten Verwicklungen bis hin zu bösartigen Intrigen führen. Mit dem Petzen soll nichts anderes erreicht werden, als dass das Geschwisterkind eins auf den Deckel bekommt. Manchmal durchschauen Eltern das nicht.

Geschwistertricks erkennen

Nehmen wir Anton (4 Jahre alt). Wenn er seinem Bruder eins auswischen will, rennt er zu seiner Mutter und schwärzt den älteren Bruder Oskar (6 Jahre alt) an. Prompt schimpft die Mutter mit dem älteren Sohn. Sie durchschaut das durchtriebene Spiel des Kleinen nicht, traut ihm nicht einmal zu, dass er zu so etwas überhaupt fähig ist. Anton triumphiert, wenn sein Bruder ausgeschimpft wird. Das ist seine Art, Macht über den Älteren auszuüben.

Die Mutter handelt mit bester Absicht. Sie möchte, dass die Kinder sich gegenseitig zum Vorbild nehmen und voneinander lernen. Gerade von dem älteren Sohn erwartet sie, dass er der Vernünftigere ist. Leider erreicht sie das Gegenteil von dem, was sie will: Sie demütigt den älteren Sohn vor seinem jüngeren Bruder. Eltern sollten aufpassen,

WENN GESCHWISTER INVOLVIERT SIND

Wenn ein Geschwisterkind verhindern will, dass der Tadel beim Übeltäter ankommt, müssen die Geschwister getrennt werden. Machen Sie Geschwister nicht schlecht voreinander, und versuchen Sie nicht, Kinder dadurch zu erziehen, dass Sie das eine für das andere zum Maßstab setzen.

dass sie von ihren Kindern nicht für Machtspiele instrumentalisiert werden.

Bei einem Streit Geschwister trennen

Selbst unabsichtlich sollten Geschwister nicht voreinander ausgeschimpft werden. Das hat immer etwas Demütigendes. Meistens ist auch gar nicht klar, ob es wirklich nur einen Schuldigen gibt. Gerade bei Streitereien unter Geschwistern gehören doch immer mindestens zwei dazu. Indem ich nur mit dem einen schimpfe, erteile ich dem anderen Absolution. Das ist nicht gerecht. Und wenn es wirklich einmal nur einen Schuldigen gibt, reicht es vollkommen, das Kind beiseite zu nehmen, um mit ihm zu schimpfen.

Die Kinder durchschauen

Anders verhält es sich, wenn Geschwister gemeinsam etwas ausgefressen haben. Dann ist eine Strafpredigt für beide angebracht. Jedoch sollten Eltern sich davor hüten, sich einen Bären aufbinden zu lassen. Geschwister versuchen gerne, die »Übeltat« auf das andere Kind abzuwälzen, um dem Schimpfen zu entkommen.

Ausgeschimpft haben Eltern, wenn sie durch das Schimpfen geschwisterliche Solidarität wecken. Diese Erfahrung machen die Eltern von Kathrin (drei Jahre) und Anne (fünf Jahre). Je mehr die Mutter versucht, mit der Botschaft zu der Übeltäterin vorzudringen, umso mehr wirft sich die andere Tochter wie ein Schutzschild verteidigend vor die Schwester und verteidigt sie. Nun trennen sie die Kinder, wenn nur eine getadelt werden soll.

Einmischung sicher – Schimpfen vor Oma

Wenn Eltern mit ihrem Kind vor der Großmutter schimpfen, können sie sich sicher sein: Oma mischt sich ein – und zwar immer zugunsten des Enkelkindes. Omas ticken anders als Eltern: Sie wollen nicht schimpfen und auch nicht erziehen. Sie wollen ihre Enkel – die grundsätzlich kleine Engel sind – verwöhnen und lieb haben. Dafür werden sie von den Enkel'n abgöttisch geliebt. Damit

Eine Ausnahme für das Schimpfen vor Geschwistern ist natürlich, wenn sie gemeinsam etwas ausgeheckt haben. Dann müssen beide zur »Rechenschaft« gezogen werden und die Folgen ertragen.

Beim Streit vor Großeltern ziehen Eltern meist den Kürzeren, da diese immer auf Seiten der Enkel stehen. In solchen Fällen ist es besser, das Thema zu vertagen und auf eine bessere Gelegenheit zu warten.

sollten Eltern sich einfach abfinden. Eltern, die bei der Oma Unterstützung in Erziehungsangelegenheiten suchen, können einpacken. Schimpfen vor der Oma ist deshalb nicht nur sinnlos, sondern kontraproduktiv. Sobald Eltern ansetzen, ihr Kind zu kritisieren, wirft Oma sich dazwischen. Dann »muss das Kind nicht«, es »braucht nicht«, und es »soll auch nicht«.

Großeltern wollen nicht mehr erziehen

Haben Großmütter vergessen, dass sie selbst einmal Mütter waren? Jawohl. Haben sie. Sie müssen ja weder dem Kind gutes Benehmen noch anständige Manieren beibringen. Das ist die Aufgabe der Eltern. Deshalb sollten Eltern davon Abstand nehmen, mit ihren Kindern vor der Oma zu schimpfen. Sie machen sich nur lächerlich. Oma kann gnadenlos sein. Da werden alte Geschichten aus der eigenen Kindheit hervorgekramt (peinlich, peinlich). Oma fragt, ob man gerade Stress im Job hat und das jetzt am Kind auslässt. Im besten Fall werden Eltern gefragt, ob sie nicht zu streng mit dem Kind sind. Das Kind steht grinsend dabei.

Leider ist es auch verkehrt, in Gegenwart der Großeltern gar nicht zu schimpfen. Sagen Eltern nichts, wenn der Enkel den Kuchen im Ganzen in den Mund stopft, statt abzubeißen, gibt es ebenfalls Kritik – nicht am Enkel, sondern an den Eltern: »Wollt ihr eurem Kind gar nicht sagen, dass es vernünftig essen soll?«

Großmütter halten grundsätzlich zu jedem »Bengel«

Größte Blamage – Schimpfen vor Freunden

Wer erinnert das nicht aus der eigenen Kindheit? Vor Freunden von den Eltern ausgeschimpft zu werden ist die größte Blamage, die passieren kann. Schlimm genug, von den Eltern gemaßregelt zu werden. Muss das auch noch vor den Freunden sein?

Kinder möchten in solchen Situationen am liebsten im Erdboden versinken. Ja, sie haben mal wieder vergessen, den Müll hinunterzubringen, den Tisch zu decken, die Hände vor dem Essen zu waschen oder dass sie nicht mit vollem Mund reden sollen. Aber muss es sein, diesen – berechtigten – Fauxpas vor Freunden zur Sprache zu bringen, am besten noch mit einem genervten »Habe ich es dir nicht schon tausendmal gesagt!«?

Vor Freunden wollen Kinder »erwachsen« sein

Kinder wollen vor ihren Freunden gerne als groß, stark und souverän dastehen – selbst kleine Dreikäsehochs. Von den Eltern in deren Gegenwart getadelt zu werden ist für Kinder demütigend. Auch wenn Eltern dies häufig maßlos übertrieben finden und nicht nachvollziehen können: Kinder schämen sich in solchen Momenten vor ihren Freunden. Es ist nicht das Schimpfen an sich, das Kinder verletzt. Es ist die Tatsache, dass die Freunde mitbekommen, dass man noch erzogen wird, statt über sich und sein Handeln bereits selbst bestimmen zu können. Dass man tun muss, was Mama und Papa sagen. Dass man noch nicht erwachsen ist. Wenn Eltern dann auch noch auf die Idee kommen, ein »Deine Freundin macht das doch auch nicht« nachzulegen, um ihr Argument mit einem Vergleich zu unterfüttern, ist die Demütigung für das Kind perfekt. Die Freundin, vor der man gerade gemaßregelt wird, auch noch als strahlendes Beispiel präsentiert zu bekommen, ist für ein Kind unerträglich und sollte von Eltern als Todsünde beim Schimpfen unterlassen werden.

Taktvoll schimpfen – Eltern können das

Eltern sollten auf die sozialen Beziehungen und auf die Gefühle ihrer Kinder Rücksicht nehmen. Auch Kinder können ihr Gesicht verlieren und sehr darunter leiden.

Vor einem Freund oder einer Freundin gemaßregelt zu werden ist für ein Kind besonders schwer erträglich. Deshalb sollte man sein Kind zur Seite nehmen, wenn unbedingt geschimpft werden muss.

Eltern vergeben sich nichts, wenn sie ihr Kind für einen kurzen Augenblick zur Seite bitten. Unter vier Augen können sie ihren Unmut ohne Publikum und damit ohne Gesichtsverlust für ihr Kind loswerden. Oder aber sie heben sich das Schimpfen für später auf. Gerade wenn Kinder älter sind, Ereignisse also nicht so schnell wieder vergessen, kann nach dem Vorfall ein Gespräch mit dem Kind über die Vorkommnisse geführt werden. Das hat den Vorteil, dass nicht mehr Porzellan zerschlagen wird als unbedingt notwendig.

Besonders wenn Kinder älter sind, kann man eine Auseinandersetzung auch vertagen.

Das Gegenteil erreichen

Zudem kann das Schimpfen vor Freunden ein Schuss nach hinten sein: Die Mutter von Carina (sechs Jahre) hat kürzlich mit ihrer Tochter mehrfach vor deren neuer Schulfreundin geschimpft: Erst hat sie getadelt, dass Carina sich die Schuhe nicht ordentlich am Fußabtreter abgeputzt hat, dann darüber, dass sie sich nicht unaufgefordert vor dem Essen die Hände gewaschen hat, und schließlich deshalb, weil die Tochter zum Naseputzen den Pulloverärmel benutzt hat. Jedes Schimpfen hatte seine Berechtigung. Nur, wie ist das bei den Mädchen angekommen?

Mitleid anstelle von Einsicht

Als die beiden alleine waren, hat die neue Freundin erst einmal ausführlich Mitleid bekundet. Dass sie ja eine echt strenge Mutter habe, die Arme. Carina war voller Zweifel wegen der Sachen.

Einerseits war es ihr furchtbar peinlich, von der Mutter mehrfach und wegen jeden Kleinkrams vor der Freundin kritisiert worden zu sein. Andererseits wollte sie ihre Mutter auch sehr gerne in Schutz nehmen. Denn die hatte ja Recht, und eigentlich ist sie auch gar nicht streng. Und Carina möchte nun auch nicht, dass die Freundin auf die Mutter schimpft. Gleichzeitig ist sie aber dennoch sehr ärgerlich auf die Mutter, weil sie von ihr vor der Freundin blamiert wurde. Das traurige Ergebnis ist, dass die Mädels gemeinsam auf die Mutter schimpfen. Wo bleibt da der gewünschte Erziehungseffekt?

Ehrgeiz ist ein schlechter Ratgeber

Häufig ist es gar nicht das Vergehen an sich, das Eltern dazu bewegt, mit ihrem Kind vor dessen Freunden zu schimpfen. Im Gegenteil: Vielmehr ärgern sich viele Mütter darüber, dass sie ein wohlerzogenes Kind haben, das seine gute Erziehung vergisst, sobald Freunde da sind. Kinder, die sonst nie mit vollem Mund reden, die beim Gähnen die Hand vor den Mund nehmen, die unaufgefordert dabei helfen, den Tisch zu decken, vergessen alles. Die Eltern ärgern sich und fühlen sich blamiert.

Tolerant sein

In diesen Fällen vor den Freunden zu schimpfen führt nur dazu, dass die Kinder verletzt und verärgert sind. Wenn die Freunde da sind, haben die Kinder ihren Spaß. Sie sind aufgeregt und abgelenkt. Vor allem konzentrieren sie sich auf ihre Freunde und auf die Freundschaft, auf den Spaß, den sie mit ihnen zusammen haben wollen – und eben nicht darauf, sich wohlerzogen zu zeigen.

Kinder wollen einen guten Eindruck machen

Sie wollen primär zeigen, wie toll es zu Hause ist und was für eine nette Familie sie haben. Gleichzeitig auch noch gutes Benehmen im Blick zu haben ist für Kinder oft zu viel des Guten. Damit wären sie überfordert. Wenn es zu arg wird, können Erwachsene das Kind kurz zur Seite nehmen und kurz mahnen, damit es nicht völlig aus der Rolle fällt. Erzogen werden kann später.

Fazit

Eltern sollten Rücksicht auf ihre Kinder, ihre Gefühle und sozialen Beziehungen nehmen und nicht vor Freunden mit ihnen schimpfen.

Tipps für die Praxis

➢ Abseits schimpfen: Nehmen Sie Ihr Kind zur Seite, oder vertagen Sie das Schimpfen auf später, um Ihr Kind nicht vor seinen Freunden zu demütigen.

➢ Vermeiden Sie auch deshalb den Streit vor anderen, weil Kinder sich dadurch auch Schützenhilfe erhoffen. Die Zuhörer werden schnell zu »Einmischern«.

Wenn Freunde zu Besuch sind, geraten Kinder oft in Versuchung, sich zu produzieren oder auch gehen zu lassen.

Am Ende ist alles wieder gut

Die Versöhnung nach einem Streit ist unabdingbar für die gute Beziehung zwischen Eltern und Kindern.

Schimpfen sollte immer ein (liebevolles) Nachspiel haben. Es wirkt erst einmal nur für den Augenblick. Sinn und Zweck ist aber eine nachhaltige Verhaltensänderung beim Kind. Ziel ist es, mit der Zeit immer weniger Anlässe zum Schimpfen zu haben. Deshalb sollten Eltern und Kinder, nachdem sich die Gemüter auf beiden Seiten beruhigt haben, miteinander ins Gespräch kommen.

Nach dem Schimpfen beginnt der Dialog

Damit das Schimpfen etwas bewirkt, sollten Eltern dem Kind erklären, warum sie sich aufgeregt haben, warum das Kind sich ändern soll. Anhand von Beispielen und Argumenten sollte verdeutlicht werden, worum es geht. Je kleiner Kinder sind, umso wichtiger sind Beispiele. Je älter sie sind, umso wichtiger sind plausible Argumente. Beide »Parteien« müssen sich vertrauensvoll aussprechen können. Dazu gehört auch, dass das Kind fragen und nachhaken darf. Da Eltern ihre Kinder heute ausdrücklich nicht autoritär kommandieren, sondern durch Erklärungen und gute Argumente zu sinnvollem Verhalten bewegen wollen, sollten sie sich Zeit für ausführliche Debatten nehmen. Ziel sollte es sein, den Kindern gegenüber so gut zu argumentieren, dass sie aus eigener Einsicht ihr Verhalten ändern.

Je kleiner, desto schwieriger

Wie schwierig das Überzeugen bei kleinen Kindern ist, erfährt Marias Mutter immer wieder aufs Neue: Maria ist knapp zwei Jahre alt und in ihrer Experimentierphase. Wie soll die Mutter ihr da erklären, dass es gefährlich ist, auf die Herdplatte zu fassen oder gar zu versuchen, den Topf herunterzureißen? Mit abstrakten Argumenten ist Marias Forschergeist nicht beizukommen. Unter Worten wie »gefährlich« kann sie sich nicht viel vorstellen. Wohl aber unter Begriffen wie »heiß« und »bäh«. Damit erklärt die Mutter ihr, warum sie das nicht darf. Natürlich kann sie mit ihr noch nicht über Temperaturen und Brandblasen diskutieren. Dem sensiblen Kleinkind reichen schon die Erschro-

Schimpfen sollte immer »nachbereitet« und besprochen werden, damit das Kind Einsicht gewinnen und sein Verhalten ändern kann.

Auch ganz kleine Kinder müssen lernen, wo ihre Grenzen (noch) sind

ckenheit der Mutter im Moment der Gefahr und im Nachgang der eindringliche Ton und das besorgte Gesicht als Warnung. Selbst Kleinkinder wie Maria verstehen in diesem Augenblick den Ernst der Botschaft genau.

Auch Konventionen müssen vermittelt werden

Sehr kleinen Kindern kann man Gefahren und Verhaltensregeln nur mit ganz einfachen Wörtern, einem ganz eindringlichen, besorgten Ton und sehr ernster Miene vermitteln.

Dass es mit älteren Kindern nicht unbedingt einfacher ist, weiß die Mutter von Daniel (vier Jahre). Daniel versteht schon einfache Zusammenhänge und die Ursache-Wirkung-Ketten, wenn sie mit einfachen Worten erklärt werden. Dass es gefährlich ist, bei Rot über die Ampel zu gehen oder mit dem Fahrrad über den Zebrastreifen zu fahren, ohne nach links und rechts zu schauen, hat er nach längeren Debatten mit seinen Eltern gut begriffen.

Gutes Benehmen und Rücksichtnahme

Dass er sich vor dem Essen die Hände waschen muss, kapiert er, auch wenn die Eltern trotzdem manchmal schimpfen müssen, weil er es vergessen hat. Warum er Nudeln nicht schlürfen darf, erschließt sich ihm auch nach mehrfachen Schimpftiraden mit anschließenden Gesprächen noch nicht. Es ist für Kinder eben umso schwerer, den Anlass fürs Schimpfen zu verstehen, je mehr es um Konventionen und gutes Benehmen geht. In Daniels Alter ist es aber schon möglich, Gespräche über soziales Verhalten und Rücksicht, gutes Benehmen und gesellschaftliche Konventionen zu führen – kindgerecht natürlich.

Immer mit gutem Beispiel vorangehen

Dass das nicht immer etwas bringt, haben die Eltern von Jasmin (sechs Jahre) erkennen müssen. Sie haben mit ihrer Tochter schon mehrfach erfolglos über das Thema Aufräumen gesprochen. Seit die Tochter dem Vater letztens die Antwort verpasst hat: »Warum sollte ich aufräumen, auf deinem Schreibtisch herrscht doch auch das reinste Chaos?«, sind die Eltern sprachlos. Sie haben das Thema von der Tagesordnung genommen. Argumentieren (vorläufig) zwecklos.

Freiräume für das Nachdenken geben

Kinder werden manchmal von den Schimpftiraden ihrer Eltern überrollt. Da werden endlos lange Monologe gehalten, denen sie kaum folgen können. Dass sie falsch gehandelt haben, sollen sie sofort erkennen und sich möglichst auch gleich entschuldigen. Kinder sind in solchen Situationen hoffnungslos überfordert. Sie können nicht im Zeitraffer die Zusammenhänge erkennen, ihr eigenes Handeln reflektieren, Schlüsse daraus ziehen und dann entsprechend handeln. Je kleiner sie sind, umso weniger. Dass die Eltern ihnen die Zusammenhänge zuerst beim Schimpfen in Kurzform und später ausführlich im Gespräch nahe bringen, reicht nicht.

Kinder brauchen Zeit. Sie brauchen Zeit, um den Schreck über das Schimpfen zu verdauen. Dann erst können sie über das Gesagte nachdenken.

Kinder müssen nach einem Streit die Möglichkeit haben, mit ihren Eltern über den Anlass zu sprechen und Fragen zu stellen. Sie können den Vorfall dann viel besser verarbeiten.

VERSÖHNUNG UND DIALOG

Es ist ganz wichtig, auch nach dem größten Streit eine liebevolle Versöhnung herbeizuführen. Führen Sie mit den Kindern immer offene Gespräche darüber, warum sie getadelt wurden und was sie falsch gemacht haben. Eltern müssen aber auch bereit sein, ihrerseits Kritik von den Kindern anzunehmen und sich damit auseinander zu setzen. Wenn Kinder angstfrei mit ihren Eltern über alles sprechen können, werden sie sich auch als Erwachsene besser durchsetzen können.

Kleine Kinder ziehen sich oft zurück, wenn geschimpft wurde, um sich von dem Schrecken zu erholen. Wichtig ist, dass sie jederzeit zurückkommen und sich mit Vater oder Mutter wieder versöhnen können.

Endlos reden bringt nichts

Einige Eltern schätzen in solchen Augenblicken die Situation falsch ein, reden ohne Punkt und Komma auf ihre Kinder ein. Erinnern wir uns doch einmal an die Auseinandersetzungen, die wir früher mit unseren Eltern hatten. Hätten wir nicht alle am liebsten »Aufhören!« geschrien, um die Eltern zu stoppen? Um erst einmal zur Besinnung kommen zu können?

Jeder gute Streit braucht eine Pause

Auch der Streit mit Kindern. Sie brauchen eine Rückzugsmöglichkeit, um nachzudenken. Einige Eltern schicken ihr Kind, nachdem sie geschimpft haben, ins Kinderzimmer. Dort soll es sich beruhigen und nachdenken. Das ist gar nicht verkehrt, solange das Kind nicht eingesperrt wird und beiden Seiten klar ist, dass es sich um eine konstruktive Pause handelt.

Wie aber nutzen Kinder diese Pausen? Sind schon Kleine in der Lage, ihr Handeln zu reflektieren? Mit Sicherheit nicht. Kleine Kinder nutzen die Auszeit, um sich von dem Schrecken des Schimpfens zu erholen. Wenn sie sich beruhigt haben, kommen sie zu den Eltern zurück, um sich mit ihnen wieder zu vertragen. Das geht meist ziemlich schnell. Je größer die Kinder sind, desto besser können Sie den Vorfall reflektieren – aber dafür brauchen sie Zeit, die Rückkehr dauert etwas länger.

Kinder müssen den Streit verarbeiten

Für Eltern ist es wichtig zu wissen, was sich in solchen Denkpausen in den Kinderköpfen abspielt:

Zunächst einmal lassen Kinder die Situation vor ihrem geistigen Auge noch einmal Revue passieren: Was ist geschehen, und wie kam es dazu? War das Schimpfen berechtigt? War die Eskalation berechtigt, oder haben die Eltern ungerechtfertigt zu heftig reagiert? Was habe ich dazu beigetragen, dass geschimpft wurde? Automatisch fangen Kinder dann an, an ihrer Verteidigung zu arbeiten. Sie haben meistens das Bedürfnis, zu rechtfertigen oder zumindest zu erklären, was sie getan haben. Manchmal müssen die Eltern eine Teilschuld eingestehen, etwa wenn sie ausgeflippt sind. Manchmal gibt es allerdings nichts zu beschönigen. Dann sehen Kinder in der Regel von sich aus ein, dass eine Entschuldigung und das Versprechen der Besserung angemessen sind.

Faires Verhalten ist wichtig

Alina (sieben Jahre alt) aus einer Hamburger Schule hat das ganz genau verstanden und brachte das letztens folgendermaßen auf den Punkt: »Wenn Mama schimpft, brauche ich eine Pause. Manchmal brauche ich ´ne Weile, um zu kapieren, was sie von mir will und was ich falsch gemacht habe. Wenn sie schimpft, komme ich gar nicht dagegen an. So schnell fallen mir gar keine Worte ein. Ich muss mir erst einmal überlegen, was ich sagen will. Wenn ich meine, die Mama ist ungerecht, dann sage ich ihr das auch. Dann muss sie sich natürlich bei mir entschuldigen. Wenn ich was falsch gemacht habe, dann muss ich mich bei ihr entschuldigen.«

Bis zum nächsten Mal – mit guten Nerven

In jeder Elternbrust schlagen zwei Seelen: Die eine möchte die Kinder verwöhnen, ihnen alles abnehmen, ihnen nur Gutes tun. Die andere sieht die Notwendigkeit, sie auch zu erziehen, damit sie hilfsbereit, wohlerzogen, höflich und fleißig sind, sich untadelig benehmen und gute Tischmanieren haben. Der Weg dahin ist allerdings lang und steinig. Viele Eltern sind schon daran verzweifelt, dass ihre Kinder nicht gehorchen wollen, (scheinbar) nicht auf die Erziehung reagieren und permanent die gleichen Fehler wiederholen.

Ein größeres Kind denkt über den Anlass zum Streit nach und muss mit sich ins Reine kommen. Wenn es danach die Möglichkeit hat, mit den Eltern über den Vorfall – durchaus auch kritisch – zu sprechen, umso besser.

Souveräne Eltern entschuldigen sich bei ihrem Kind, wenn sie etwas falsch gemacht haben

Trotz und Widerspruch gehören zur Entwicklung des Kindes und sollten von den Eltern gelassen »ertragen« werden.

Der Einsatz lohnt sich

Es erfordert viel Geduld, sich permanent mit den Kindern und ihrem Wesen und Verhalten auseinander zu setzen. Aber der Einsatz lohnt sich: Eltern können häufig ein Lied davon singen, dass ihre Kinder zu Hause die reinsten Nervensägen und woanders die liebsten Engel sind. Statt uns darüber zu ärgern, sollten wir stolz darauf sein. Denn daran sehen wir, dass die Erziehung fruchtet, dass es sich lohnt, sich hier und da über das Kind aufzuregen, mit ihm zu schimpfen und danach das Gespräch zu suchen. Immer und immer wieder.

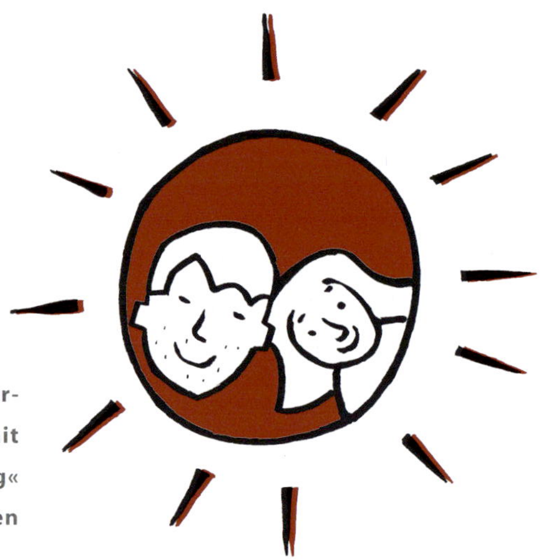

Jede Auseinandersetzung sollte mit einer »Versöhnung« beendet werden

Niemals aufgeben

Vor allem sollten sie das Verhalten ihrer Kinder nicht persönlich nehmen. Widerstand, Austesten, Trotzphase und Widerspruch, Wiederholung und Provokation bis an den Rand des elterlichen Wahnsinns gehören zur Entwicklung und Entfaltung der kindlichen Persönlichkeit. Je weniger das Schimpfen das Kind dabei verletzt, desto besser. Je mehr die Eltern vorleben, dass Erziehung Entwicklungshilfe ist, umso besser akzeptieren Kinder diese. Gute Nerven und viel Geduld gehören dazu. Schließlich sind die Eltern die Erwachsenen, sollten die Vernünftigeren sein, die mehr Abstand zu den Dingen haben. Aus Erfahrung weiß ich, dass es sich lohnt. Sind die Kinder älter, streitet man nicht mehr über das Schlürfen beim Essen oder über heiße Herdplatten. Jedenfalls meistens nicht.

Die Anlässe ändern sich

Eine erfolgreiche Erziehung können Eltern daran erkennen, dass die Ursachen sich ändern: Was verinnerlicht wurde, braucht nicht mehr angemahnt zu werden. Bei

Kleinkindern handelt es sich vor allem um grundsätzliche Gefahren, mit denen umzugehen sie lernen müssen, um Manieren und um das Lernen von sozialem Verhalten. Bei älteren Kindern geht es zwar auch um diese Themen. Die Anlässe verändern sich jedoch entsprechend dem Alter, ebenso wie die Anforderungen an das Kind.

Bei den kleineren Kindern wird noch Rücksicht darauf genommen, dass sie viele Dinge nicht wissen können. Von älteren Kindern erwarten Erwachsene völlig zu Recht, dass sie mitdenken und aus vergangenen Fehlern und Missetaten gelernt haben.

Die Art des Schimpfens verändert sich

Entsprechend dem Alter ändert sich auch die Art des Schimpfens. Mit der zunehmenden Fähigkeit der Kinder, komplexere Sachverhalte zu durchschauen, wird auch der Dialog zwischen den Eltern und den Kindern differenzierter. Die Argumente der Kinder werden besser, die Herausforderung an die Eltern verändert sich: Haben sie bei kleineren Kindern das Problem, ihre Botschaft kindgerecht darzustellen, gibt es bei größeren Kindern manchmal das Problem, dass die Kinder die besseren Argumente haben. Da gilt es für Eltern aufzupassen, um nicht ausgezählt zu werden.

Der Grundtenor bleibt

Rücksichtnahme versus Egoismus, Tischmanieren, der Ton, der im Alltag die Musik macht, Pünktlichkeit und Zuverlässigkeit, einige Themen bleiben aktuell, bis die Kinder endgültig zu Hause ausziehen. Das liegt nicht daran, dass unsere Sprösslinge nicht verstehen würden, worum es geht.

Nein, es liegt daran, dass wir Menschen nun einmal im täglichen Umgang miteinander ein permanentes Korrektiv brauchen, jemanden, an dem wir uns reiben können. Niemand sagt Kindern so ehrlich die Meinung wie die Eltern (das gilt umgekehrt heute allerdings auch, d.h. auch Eltern müssen viel schlucken). Deshalb sollten wir uns nicht entmutigen lassen, sondern – im Gegenteil – weitermachen.

Wenn Eltern eigene »Fehler« oder Verhaltensweisen bei ihren Kindern entdecken, sollten sie nicht versuchen, sie mit besonderem Nachdruck »abzuerziehen«. Sie sollten sie vielmehr akzeptieren.

Schimpfen ist wichtig für die Entwicklung des Kindes und hat nichts mit mangelnder Liebe zu tun.

Kritikfähigkeit und Kompromissfähigkeit

Unabhängig davon, dass wir uns vielleicht oder mit Sicherheit darüber ärgern werden, wenn unsere Kinder uns noch als Erwachsene und längst selbstständig lebend mit vollem Mund antworten oder ungeniert laut gähnen, sind die grundsätzlichen Fähigkeiten, die wir ihnen durch konsequente Auseinandersetzung mit auf den Lebensweg gegeben haben, für unsere Kinder lebenswichtig: Die Fähigkeit zum fairen Streit, die Fähigkeit, Kritik anzunehmen, Fehler einzugestehen und auch Kompromisse eingehen zu können, sind die Grundelemente von partnerschaftlichem Verhalten. Kinder, die das im Umgang mit ihren Eltern lernen und üben, werden es auch später in Beziehungen leben.

Jeden Streit schnell vergessen

Ach ja, eine Regel sollte man noch beherzigen, bevor es in die nächste Runde geht: Eltern sollten auf keinen Fall nachtragend sein, sonst wird die Streitliste immer länger, bis niemand mehr weiß, warum eigentlich geschimpft wurde. Auch wenn es schwer fällt: Jedes Schimpfen sollte ein neuer Anlass für eine neue Chance sein.

Immer optimistisch bleiben

Eines sollten Eltern trotz allem auf keinen Fall vergessen: Schimpfen hat auch Grenzen. So wichtig es auch ist, dass unsere Kinder wohlerzogen sind, gut ankommen und beliebt sind, wir sollten nicht übertreiben und vor allem den Charakter unserer nicht Kinder verbiegen.

Wir sollten uns davor hüten, unseren eigenen Perfektionismus auf sie zu übertragen – auch wenn es Eltern sehr irritiert, ihre eigenen Fehler und Charakterschwächen beim Nachwuchs wieder zu entdecken.

Perfekte Kinder gibt es nicht

Natürlich nervt es, wenn unser Kind genauso schusselig und unzuverlässig ist wie wir selbst. Oder genauso chaotisch und unordentlich wie unser Partner. Dafür ist es aber vielleicht enorm kreativ und spritzig, hat immer tolle Ideen und ist ungeheuer lieb und einfühlsam. Jedes Kind hat seine Stärken und seine Schwächen. Man kann eben nicht alles haben.

Das natürliche Temperament und die individuellen Eigenarten, die ganz besonderen Charaktereigenschaften sind doch letztendlich das, was jedes Kind liebenswert macht. Vergessen wir das nicht, und lassen wir unsere Kinder in ihren Grundzügen so, wie sie sind.

Fazit

Nach dem Schimpfen ist vor dem Schimpfen. Auch wenn für den Augenblick alles geklärt scheint, sollten sich Eltern darauf gefasst machen, dass es bald wieder einen Anlass geben wird, sich aufzuregen.

Tipps für die Praxis

➢ Nehmen Sie es nicht persönlich: Dass Sie mit Ihrem Kind schimpfen müssen, hat wirklich nichts mit einer nicht intakten Beziehung oder gar fehlender Liebe zwischen Ihnen zu tun und heißt auch nicht, dass Sie schlechte Erzieher sind.

➢ Haken Sie´s ab: Seien Sie nicht nachtragend, sondern lassen Sie sich jedes Mal aufs Neue auf das Abenteuer Schimpfen ein. Nichts ist schlimmer, als Kinder mit »ollen Kamellen« zu konfrontieren.

➢ Tragen Sie´s mit Fassung: Auch wenn Sie sich schon einhundert Mal über die gleiche Marotte aufgeregt haben, verzweifeln Sie nicht. Irgendwann hat Ihr Kind kapiert, dass Sie sich darüber aufregen, und hört damit auf.

➢ Seien Sie tapfer: Auch wenn es Ihnen wehtut, mit Ihrem Kind zu schimpfen: Schimpfen ist ein Zeichen dafür, dass Ihnen Ihr Kind nicht egal, sondern seine Erziehung Ihnen wichtig ist.

➢ Seien Sie stark: Niemand schimpft gerne, aber Kinder brauchen es als Erziehungsmittel.

➢ Verbiegen Sie Ihr Kind nicht: Trotz bester Absicht, aus Ihrem Kind einen perfekten Menschen zu machen: Jeder hat seine Macken und Marotten, die liebenswert sind. Bleiben Sie locker: Drücken Sie auch mal ein Auge zu, und lassen Sie mal etwas durchgehen. Das ist menschlich und tut beiden Seiten gut.

Akzeptieren Sie die individuellen Eigenarten Ihres Kindes – alles kann und soll man nicht ändern.

Zum Weiterlesen

Beil, Brigitte: Gutes Kind, böses Kind – Warum brauchen Kinder Werte?; dtv, München 1998.

Biddulph, Steve: Das Geheimnis glücklicher Kinder; Beust Verlag, München 2000.

v. Cramm, Dagmar: Kinder-Knigge; Südwest-Verlag, München 2000.

Dreikurs, Rudolf: Kinder lernen aus den Folgen. Wie man sich Schimpfen und Strafen sparen kann; Herder spektrum, Freiburg 2000.

Dreikurs, Rudolf; Vicki Soltz: Kinder fordern uns heraus. Wie erziehen wir sie zeitgemäß?; Klett-Cotta, Stuttgart 2001.

Haas, Werner: Der alltägliche Erziehungskampf; Rowohlt Tb., Reinbek b. Hamburg 1996

Annette Kast-Zahn: Jedes Kind kann Regeln lernen; Oberstebrink Verlag, Ratingen 1997

Marwedel, Christa und Ulrike: Was Kinder brauchen – was Eltern gut tut; Herder Spektrum, Freiburg i.Br. 1997.

Mohr, R., Preuschoff, G.: Störenfriede, Nervensägen, Quälgeister; Beust Verlag, München 2001.

Preuschoff, Gisela: Wenn Kinder die Wut packt. Wie Eltern verstehen und helfen können; Herder, Freiburg i.Br. 1999.

Ressel, Hildegard: Was Kinder wirklich brauchen; Scherz Verlag, Bern, München, Wien 2000.

Rohr, Michael: Freiheit lassen – Grenzen setzen; Herder Spektrum, Freiburg i.Br. 1998.

Register

Die Autorin

Beatrix Palt ist promovierte Erziehungswissenschaftlerin. Seit 1996 arbeitet sie als Expertin bei der Zeitschrift »Familie&Co und anderen Familien- und Frauenzeitschriften sowie als Beraterin im Bereich Projektmanagement. Ihre Themenschwerpunkte sind Entwicklungspsychologie, Erziehung, Schulpädagogik sowie alle Fragen rund um das Projektmanagement.

Der Illustrator

Christian Weiß ist Diplomdesigner und Volljurist. Seine Kunst ist weltweit im Werbe- und Designbereich vertreten. Unter anderem arbeitet er für die bekannte Ritzenhoff-Kollektion. Aktuell wurde er mit dem Red-Dot-Award ausgezeichnet, einer der führenden internationalen Design-Wettbewerbe, um den sich jährlich 5000 Einsender aus 38 Ländern bewerben. Mehr Info über den Künstler unter: www.christianweiss.de

Hinweis

Das vorliegende Buch ist sorgfältig erarbeitet worden. Dennoch erfolgen alle Angaben ohne Gewähr. Weder Autorin noch Verlag können für eventuelle Fehler oder Schäden, die aus den im Buch gegebenen praktischen Hinweisen resultieren, eine Haftung übernehmen.

Der Südwest-Verlag ist ein Unternehmen der Ullstein Heyne List GmbH & Co. KG

Redaktionsleitung und Redaktion:
Nina Andres

Umschlagkonzeption und Innenlayout:
Lohmüller Werbeagentur, Berlin

Coverfoto:
Getty Images, München:
(Stone/Charles Thatcher)

Illustrationen:
Christian Weiss / X-Design

DTP/Satz:
Veronika Moga

Produktion:
Angelika Kerscher,
Gabriele Kutscha

Druck und Bindung:
Weber Offset, München
Conzella, Aschheim - Dornach

Gedruckt auf chlor- und säurearmem Papier
ISBN 3-517-06677-X